AF391208

# LE PETIT NEVEU

## de

# L'ARRETIN.

Tous deux étaient muets, en extase et Didon
se livrait en silence ou plus tendre abandon.

# LE PETIT NEVEU

## de

# L'ARRETIN,

## OUVRAGE POSTHUME

### trouvé

## DANS LE PORTE-FEUILLE

## DE SON GRAND ONCLE.

## A ROME;

Chez don B... aux trois Pucelles.

————◆————

## 1800.

# ÉNÉÏDE DE VIRGILE.

## PRÉFACE DIALOGUÉE

ENTRE

## VIRGILE ET IZIDORE OTHELO.

### IZIDORE.

C'est vous, seigneur Virgile ; quel puissant intérêt vous a fait quitter le paisible séjour de l'Élisée , pour visiter les demeures des mortels ?

### VIRGILE.

L'indignation , monsieur. Instruit qu'un chétif imitateur de Grécourt et de Piron venait de faire de mon quatrième livre de l'Énéide une traduction bizarrement obscène , et que vous-même vous étiez obscène, et que vous-même vous étiez l'éditeur d'une pareille monstruosité, j'ai demandé un congé au Chef des enfers, pour prévenir ou venger l'injure faite au Prince des Poëtes.

### I Z I D O R E.

Quoi ! seigneur Virgile, vous alarmez-vous donc d'une gaîté sans conséquence, produit d'une imagination en délire, et qui ne peut effleurer votre réputation.

### V I R G I L E.

Comment, monsieur, faire parler à mes héros le langage des halles et des lieux plus infâmes encore ; faire de mon pieux Énée un horrible putacier ; de ma Didon, une racrocheuse ; et de la bonne Anne une abominable maquerelle. Pensez – vous qu'on puisse davantage décréditer un auteur ?

## IZIDORE.

Rassurez-vous , seigneur Virgile , la gloire du chantre de Mantoue est trop bien affermie. Ses vers divins, dictés pas Erato elle-même, n'ont pas fait, depuis vingt siècles, le charme des amans de la belle poésie , pour qu'une parodie innocente puisse nuire au recpect dû au maître de l'Epopée.

Scanon , qui a métamorphosé votre muse en poissarde, et tous vos héros en forts de la halle, a-t-il empêché que le goût épuré n'appréciât vos grandes beautés? et n'avez-vous pas souri quelquefois aux traits plaisans du travestiteur ?

## VIRGILE.

Scanon , monsieur est dans une autre classe, et l'on peut passer à un pauvre cul – de – jatte , à qui la nature refuse d'autres jouisances, le plaisir de s'amuser un peu au dépens du prochain ; mais au moins n'a-t-il pas trop sali l'imagination de ses images obscènes, et votre traducteur est un versificateur déhonté qui ne craint pas de nommer les choses par leur nom, et dont le style libertin effarouche les oreilles les moins délicates.

## IZIDORE.

Tant mieux, seigneur Virgile, et je le trouve, sous ce rapport, moins dangereux que ces auteurs perfides, qui, sous l'apparence de la vertu, pervertissent les ames honnêtes, que ces romanciers empoisonneurs qui font faire des faux-pas aux filles en leur prêchant la morale ; celui-ci du moins se montre d'abord tel qu'il est, il vous avertit de jeter le livre loin de vous, si son style blesse votre pudeur. Une jeune fille ne s'avisera jamais d'en lire plus de six vers ; et un amateur de vos grands morceaux, pourra n'être pas fâché d'y rencontrer quelques passages heureusement rendus, malgré la licence des expressions.

## VIRGILE.

Mais, monsieur, n'aurait-il pas été plus utile et plus décent pour un connaisseur, d'éclaircir, par des notes judicieuses, une des plus grandes conceptions de l'esprit humain ; d'en faire sortir les beautés, et d'ajouter par-là, s'il est possible, au mérite de l'ouvrage et à la gloire de l'auteur ?

## IZIDORE.

Vous plaidez très-bien votre cause, illustre ami de Mécène ; mais un critique éclairé aurait-il des yeux seulement pour admirer, non pour appercevoir l'irrégularité du plan et les vices du détail. Homère vous a précédé dans la carrière, et non-seulement vous avez surpassé votre modèle, mais vous l'êtes devenu de tous ceux qui, après vous, ont aspiré à la palme immortelle ; néanmoins cette réputation, justement acquise, ne nous aveugle pas sur vos défauts, nous les respectons comme les écarts et les faiblesses d'un grand homme, nous appuyons sur les beautés, et nous glissons sur les taches.

### V I R G I L E.

Des taches, monsieur, des taches ! Apprenez que trois cents quarante-trois commentateurs, qui se sont exercés sur mes bucoliques, mes Géorgiques et mon Énéide, n'y ont vu que des perfections, et que MM. de la compagnie de Jésus étaient des gens à ne pas voir les choses à contre-sens.

### IZIDORE.

Quelquefois, seigneur ; et je ne trouve pas étonnant que l'auteur de *Formosum pastor Corydon ardebat alexim*, s'applaudisse du goût de ces ci-devant révérends ; mais il n'en est pas moins vrai que le premier chef-d'œuvre de littérature ne renferme que des défauts essentiels.

### VIRGILE.

Doucement, monsieur Izidore, il ne suffit pas d'avancer un fait.

### IZIDORE.

Prouvons, j'y consens. D'abord, seigneur, quelle fortune croyez-vous que puisse faire dans le monde votre pieux Énée, toujours appelant le ciel à son aide, toujours pleurant au moindre revers, et n'ayant ni ce caractère de fermeté, ni cette grandeur héroïque qui

étonne le lecteur, ami du merveilleux !
Comment n'avez-vous pas vu que le but
principal était manqué ; que votre héros,
loin d'inspirer ces grands mouvemens
d'admiration, ne jouait, dans votre pièce,
qu'un rôle secondaire ; que le principal
intérêt se reportait sur Turnus, que lui
seul attache par la justice de sa cause et
par ses malheurs ; au lieu qu'Enée ne paraît
qu'un usurpateur injuste, qui vient chasser
les fils de la maison, et s'emparer, de vive
force, du patrimoine et de la femme d'au-
trui. Ce n'est pas tout, vous en faites un
impertinent qui, sans égard pour le sexe,
vient dire impoliment à son hôtesse qu'il
n'y a pas de gloire à se venger d'une
femme :

> Namque etsi nullum memorabile nomen
> Fœminea in pæna est nec habet victoria laudem.

Souvent vous vous écartez de la noblesse de
votre sujet, pour fixer l'esprit du lecteur

sur des circonstances puériles ; Didon donne un message à Barcé, nourrice de son mari, et vous n'oubliez pas de motiver ce choix sur ce que sa propre nourrice était morte au pays :

*Namque suum patriâ antiquâ cinis uter habebat.*

Quelquefois même vous égayez vos descriptions par des calembourgs fort divertissans, comme quand le petit Ascagne, mangeant son rôti sur une tartine de pain, s'écrie : Mon cher papa, nous mangeons nos assiettes. *Mensus umimus.*

Vous parlerai-je de votre truie blanche et de ses marcassins ? . . . .

Avouez, mon cher maître, qu'une interprétation burlesque de quelques morceaux de votre poëme, nuira moins à sa fortune, cimentée par deux mille ans de louanges, qu'une critique éclairée qui releverait les beautés et les défauts du tableau.

## VIRGILE.

Parlons bas, seigneur Izidore, il y a long-tems que j'ai fait les mêmes réflexions; mais gardez-vous de donner l'éveil aux autres; je vois que vous entendez mes intérêts mieux que moi-même, et je vous les abandonne; je veux même m'égayer aux enfers avec votre traduction, ne manquez pas de m'en envoyer un exemplaire.

## IZIDORE.

Soit, vous l'aurez, et moi je vais faire imprimer notre entretien, il servira de préface et d'excuse à l'ouvrage.

# ÉNÉÏDE DE VIRGILE.

## LIVRE QUATRIÈME.

Didon depuis long-tems à l'amour asservie
Brûle d'un feu caché qui consume sa vie ,
Et nourrit dans son cœur le funeste poison,
La vertu du Troyen , l'éclat de sa maison ;
Son ton dévot et doux , même en contant ses
   frasques ,
Et son vit ( puisqu'enfin il faut nommer les
   masques ,)
Dans son esprit troublé repassent tour à-tour ;
Et le sommeil la fuit exilé par l'Amour.

L'Aurore, de ses pleurs, avait mouillé la terre,
Et le fils de Latone éclairant l'hémisphère
Promenait dans les cieux sa lampe à la quinquet,
Quand Didon vint trouver sa sœur à son chevet :
« Quels desirs importuns dans mon con som-
   nambule ,
Tiennent , pendant la nuit , leur conciliabule ;

O ma sœur ! et qui peut dans un rêve abusif
Retracer tous ces vits à mon esprit lascif !
Quel est cet étranger surgi sur notre côte ?
Dans mes palais nouveaux, quel est ce nouvel
    hôte ?
Quel port ! et quelle audace au milieu des
    combats !
Que sa bouche dit bien les exploits de son bras !
Un dieu, ma sœur, un dieu sans doute fut son
    père ;
Le creuset de la peur trahit qui dégénère ;
Un lâche cœur débande à l'aspect du danger ;
Mais lui, quand le destin est venu l'outra-
    ger ,
Qu'il s'est montré héros ! qu'aux champs de la
    victoire
Il a semé d'horreurs et moissonné de gloire !
Si je n'avais formé l'immuable dessein
D'interdire à mon lit le drap sacré d'hymen
Quand de leur noir ciseau les Parques meur-
    trières
Eurent coupé le fil de mes amours premières ;
Si ses tristes flambleaux ne m'étaient odieux ,
Et si je n'eusse pas fait le serment aux dieux

De ne plus m'abaisser à foutre sous un maître ;
Ce vit dans l'Univers était le seul peut-être
Qui pût faire en marchant trébucher ma vertu,
Rendre Didon volage , et mon défunt cocu.


Anne , je l'avouerai ; depuis l'heure fatale
Où dans les champs d'hymen portant sa faulx
       brutale ,
La mort s'en vint couper les vivres à mon con,
Et faucher mes plaisirs en fauchant mon patron;
Depuis ce jour d'horreur où notre frère avare
Au sein de mon époux plongea sa main barbare,
Emporta nos trésors de carnage souillés ,
Et dispersa nos dieux de sang tout barbouillés,
Lui seul a de mon cœur chatouillé l'épi-
       derme ,
Et vers mon clitoris a rappelé le sperme ;
L'impétueux desir que l'honneur enchaîna
Rallume encor ses feux au fond de mon AEthna ,
Mais que sur moi du ciel la fureur se déploie,
Que l'enfer m'engloutisse , ou qu'un Dieu me
       foudroie
Avant que mon navire égaré , loin des bords,
Laisse enlever sa voile et percer ses sabords ,
                  B

De ta route , ô pudeur , avant que je m'écarte
Et que sur ma sagesse un vit gagne la carte.
Celui qui le premier a joint son sort au mien ,
M'a ravi mes amours , c'est son lot, c'est son
    bien :
Qu'il les garde avec lui ; procrite , infortunée ,
Est-ce à moi de briguer l'honneur d'être pinée ?
A ces mots ses tetons sont baignés de ses pleurs.


Anne répond : Ma sœur , la plus chère des
    sœurs ,
Seule dans ton palais , à la fleur de ton âge ,
Veux-tu t'ensevelir dans un triste veuvage ?
Les présens de l'hymen , les plaisirs de Vénus
A ton con désormais seront-ils inconnus ?
Et crois-tu qu'à ce point dans les royaumes
    sombres ,
La peur du cocuage inquiète les ombres ?
Qu'à Tyr et dans ces lieux tout amant jusqu'ici
Ait à ton con chagrin fait froncer le sourcil ;
Qu'Iarbas et les preux dont l'Afrique s'honore
Te fassent sans succès l'hommage d'un vit
    more ,

Refuse, j'y consens, cet odieux honneur ;
Mais d'un amour qui plaît, défendras-tu ton
    cœur,
Si du chef des Troyens la pine délicate
Est un ragoût plus fin qui t'éveille et te flatte ;
A ce Priape aimable ouvre un souple genou.
Laisse-là tes remords, prends un vit, bande et
    fou ;
Des lèvres d'un conin quelle ivresse s'empare
Quand un vit avoué les ouvre et les sépare !

D'ailleurs, ne vois-tu pas quels barbares engins
Ici de toutes parts ménacent nos vagins ?
Là, vit le Syrte affreux qui, lorsqu'il vous en-
    conne,
Mêle de longs tourmens aux courts plaisirs qu'il
    donne ;
Plus loin est le Gétule, amant fier et rablé,
Porteur d'un vit géant, de noirs couillons meublé,
Dont l'hommage à l'amour, à l'amour fait in-
    jure,
Qui caresse les cons et qui les défigure.
Ailleurs est le Numide au dard empoisonné
Parsemé de bubons, de chancres couronné,

Qui lance en même-tems l'ambroisie et la
     peste ,
La volupté qui passe et le virus qui reste ;
Et le Barce fougueux qui, dans les culs surpris ;
Fourvoyeur indécent, pousse un vit mal appris.


Faut-il te rappeler les semences de guerre
Que couve dans Sidon l'inimitié d'un frère ?
Si les Troyens chez nous ont arboré leurs vits ;
C'est par l'ordre des dieux, c'est par leurs saints
     avis ,
Crois-le , ma sœur, Junon, ta protectrice amie ,
Junon , qu'un tendre soin à tes intérêts lie ,
En guidant sur ces bords les couilles d'Ilion ,
De ce grand mets des dieux veut régaler ton con.
Quel soutien pour ton trône , ô ma sœur, et quel
     lustre
Carthage recevrait de cet hymen illustre !
Par des libations calme les immortels ;
Du sang de tes taureaux fais rougir leurs autels ;
Avec l'aveu du ciel on est putain sans blâme ;
Au rayon de l'espoir alors ouvre ton ame ;
Préviens ton hôte aimé , chaque jour avec art
Invente des raisons d'éloigner son départ ,

Tandis que maintenant l'hiver dans nos parages
N'offre aux Troyens tremblans qu'une moisson
       d'orages ,
Et que de leurs vaisseaux les membres divisés
Gissent sur nos chantiers étendus et brisés. »

L'amour, avec ces mots, dans ses veines se glisse,
Fait bouillonner le foutre au fond de sa matrice,
Dans son con alléché porte l'espoir du vit ,
Met la pudeur en fuite , et la couille en crédit.

Les présens à la main , d'abord la faible Élise,
Bandant avec remords , court d'église en église ,
Quêtant la paix du cœur, que le ciel indulgent
De tout tems aux mortels donna pour de l'argent;
Et le prêtre dès-lors , fidèle à ses maximes ,
Taxait le sot pécheur et tarissait les crimes.

Deux génisses déjà conduites à l'autel ,
Y versent tout leur sang sous le couteau mortel ,
Il coule en votre honneur , céleste Aréopage ,
Dieu, sableur du bon vin , dieu, fouteur du beau
       page ;
Vous Junon, vous sur-tout dont les talens féconds
Sont d'enrôler les vits au service des cons.

Près des autels sacrés la dévote Phénice
D'eau bénite elle-même asperge la génisse ;
Dans le flanc des troupeaux, égorgés à ses yeux,
Son amour inquiet interroge les dieux,
La cruelle se plaît à ses sanglans spectacles ;
Et de vils intestins sont ses plus saints oracles.

O prêtres ignorans, de quoi servent vos vœux !
Que servent ces autels ! l'incendie amoureux
Vit au fond du vagin, le consume, le ronge ;
Et le vit, pour l'éteindre, est la plus sûre éponge.

Didon bande, et brûlant de la fièvre d'amour,
Arpente en ses accès la ville et le faubourg.
Telle par un chasseur une biche blessée,
Fuit et traîne avec soi le trait qui l'a percée ;
Envain dans ses tourmens elle bat les forêts,
Et les monts de Dictée, et ses vastes marais ;
A son jarret sanglant pend la flèche mortelle ;
Elle fuit la douleur et l'emporte avec elle.

Tantôt ivre d'espoir la coquette Didon
Sur ses murs nouveaux-nés conduit son Céla-
    don,

Lui montre ses remparts , ses tours , sa cita-
    delle ,
Et lui faisant tout voir , voudrait qu'il ne vît
    qu'elle :
Elle entame vingt fois , vingt fois elle inter-
    rompt
De lubriques discours qui font rougir son front.


Tantôt l'infortunée en proie à sa tristesse ,
Recherche des festins le tumulte et l'ivresse,
A son hôte adoré fait répéter encor
Les combats Phrigiens , les vaillans coups
    d'Hector :
Chaque mot du héros l'attache , et sur sa
    bouche
Son cœur vole au-devant d'un récit qui la
    touche.


Quand de cent mets divers les sucs excita-
    teurs
Ont de la table au lit fait passer les acteurs ;
Précédant le sommeil, quand le char de la lune,
Du soleil en faillite a rempli la lacune :

Quand tout vagin de cour tient un vit au
    collet ,

Et frémit de dépit de le sentir mollet ;

Didon seule de pleurs sème sa couche humide ;

Son cœur s'use en desirs , et son con mâche à
    vuide.

Quelquefois dans la nuit un délire-indécent

Lui peint du prince en rut l'engin roide et
    pressant ,

L'antre des plaisirs s'ouvre , et son ame
    éperdue

Coule en foutre de feu par l'amoureuse issue.

Souvent dans son transport elle tient en ses
    bras

Jule , et s'égarant sur ses jeunes appas ,

( De l'imaginative, effet microscopique ! )

Croit sentir ceux d'Énée, et les met pour
    topique ,

Tantôt près de son sein , tantôt.... mais vain
    détour ,

De cette illusion , ah ! le charme est trop court.

Les murs n'avancent plus ; les ouvriers , gens
    lâches ,

S'endorment à côté des houyaux et des haches,

Et le con désormais, champ des nobles travaux,
Est l'arène où s'exerce un peuple de héros.


Quand Junon voit qu'enfin le mal est sans remède,
Que la crainte du blâme au desir du vit cède,
Elle vole à Paphos chanter pouille à Vénus :
«Ton fils et toi vraiment vous voilà bien foutus !
Grand et sublime effort ! beau triomphe, dit-
    elle,
Deux dieux vaincre, par ruse, une faible mor-
    telle !
Ce n'est pas d'aujourd'hui, déesse des vits durs,
Que tu crains, je le sais, et Carthage et ses
    murs,
Mais quoi ! faudra-t-il donc que la haine éternise
Des débats dont enfin le ciel se scandalise ?
Abjurons bien plutôt ta rancune et mon tort,
Adopte myledi, j'adopterai mylord ;
Unissons les tous deux, et que cette alliance
Rétablisse entre nous la bonne intelligence.
Tu le vois ; à tes vœux tout a bien réussi,
Et ma chère Didon bande assez, dieu merci.
Permets que de son con la soif soit étanchée :
Que du héros chéri la liqueur épanchée,
                    C

Porte avec volupté dans son ravin brûlant
De ses flots amoureux le secours consolant.
Du lubrique bourgeois échauffe aussi la queue ;
Fais bander en chorus Carthage et sa banlieue ;
Que d'un con tout engin grille de se vêtir,
Que le peuple troyen foute celui de Tyr,
Et qu'aux culs de mes gens . fendus de séche-
      resse .
Le foutre d'Ilion s'applique pour compresse. »

Ainsi parla Junon ; la reine au con bannal
Vit de ce discours feint le piége déloyal,
Et reprit en ces mots : « Illustre maquerelle ;
Du levain assoupi d'une antique querelle ,
On ne me verra point réveiller les aigreurs ;
Ni de nos longs procès rallumer les fureurs.
Qui, sans être insensé, choisirait votre haine ?
Mais que l'hymen ici , d'une éternelle chaîne
Joigne le vit troyen au con carthaginois ,
Que confondant enfin leur patrie et leurs lois ;
De Pergame et de Tyr le peuple s'entrefoute ,
Jupin le voudra-t-il ? Vous le croyez ; j'en doute :
Vous pouvez, vous sa femme, épier les momen[s]
Et sonder sur ce point ses secrets sentimens ,

Et si ses volontés sont conformes aux vôtres...

Peut-être, dit Junon, suffirait-il des nôtres ;

Mais s'il faut qu'en effet le premier dieu du ciel

Approuve et ratifie un accord de bordel ,

C'est mon affaire ; au reste, il convient de vous
      dire

Comment en tout ceci je prétends me conduire.

Demain quand projettant un hymen clandestin

L'aurore quittera les portes du matin ,

Et déchargeant d'avance en revoyant Céphale ,

De foutre blanchira la voûte orientale ,

La chasse au fond des bois appellera la cour ;

Là , je veux de Didon faire un gibier d'amour.

Dans l'excès du plaisir , au milieu de la fête ,

J'exciterai dans l'air une horrible tempête ;

Tous fuiront ; par mes soins adroitement con-
      duit ,

L'heureux couple viendra dans le même ré-
      duit ;

Paraissez , et d'Énée enflammez l'allumelle ;

Moi-même , s'il le faut , je tiendrai la chan-
      delle ;

Telle sera la noce , à ce que Junon dit,

Par un souris malin , Cythérée applaudit. »

C 2

L'Aurore cependant que de folles épreuves
Ont près d'un mari nul réduite à des nuits
    veuves,
Du beau lit de safran où dort son vieil époux,
Sans avoir étrenné, se levait en courroux,
Et du plaisir, à jeun, quittait le réfectoire;
Les cieux s'ouvraient; la terre ôtant sa gaze
    noire
Des chasseurs Tyriens voit le noble concours.
Du palais à longs flots tous inondans les cours,
Attendent que Didon qui pressent sa défaite,
Ait, prudente catin, fait toilette complette.
Caparaçonné d'or, son superbe coursier
Hennit impatient au bas de l'escalier;
La reine enfin descend de gardes entourée;
Un anneau d'or soutient sa robe diaprée;
Ses cheveux sur son cou épars, non sans des-
    sein,
Couvrent de leurs flots d'or l'albâtre de son sein.
La troupe des troyens non moins belle s'avance,
Ascagne au milieu d'eux d'un galant trot s'élance;
Et bientôt même Énée, entrant en rang d'oignons,
Marche et brille au-dessus de tous ses com-
    pgnons.

Tel paraît Appollon, quand des rives du Xante
Il ramène à Delos sa pine triomphante,
Y rétablit les chœurs et le culte sacré ;
Le Driope frémit de luxure enivré ;
Des agathyrses peints la troupe ridicule
Aux yeux du dieu bandant, près des autels
        s'encule ,
Lui-même , le front ceint du laurier amou-
        reux ,
Du Cinthe avec fierté franchit le mont pierreux.
Sur son dos agité le bruit des traits raisonne.
Tel marche le héros , même race assaisonne
Le maintien et les pas du phrygien marquis ;
C'est l'image du dieu ; c'est Phébus en croquis.

A peine la brillante et noble cavalcade
Sur la croupe des monts a fait un quart de
        stade ,
Qu'on voit de toutes parts, frappés du bruit des
        cors ,
Les cerfs et les chevreuils abandonner leurs
        forts ,
Et des limiers cruels évitant la poursuite ,
Au milieu des vallons précipiter leur fuite ;

La poussière autour d'eux s'élève en tourbillons,
Et dérobe aux chasseurs leurs nombreux batail-
    lons.

Au milieu des piqueurs l'impétueux Ascagne
Caracole monté sur un cheval d'Espagne,
Brûle de voir un ours, une louve, un lion :
Gibier digne des coups des enfans d'Ilion.

L'horizon cependant d'un voile épais se couvre ;
L'éclair vif et fréquent le déchire et l'entrouvre ;
Sur les rocs caverneux le tonnerre a grondé,
Les cœurs ont tressailli ; les vits ont débandé.
Alors sauve qui peut ; le tonnerre et la grêle
Font fuir de toutes parts les chasseurs pêle-
    mêle,
Les monts avec fracas vomissent les torrens.
La reine, et le troyen dans la nuit sombre errans,
Arrivent tous les deux à la même caverne ;
C'est l'amour qui, muni de sa sourde lanterne,
Avait conduit la belle en cet antre écarté,
Où le héros amant subjugua sa fierté.

Muse, ô toi qui n'as pas le scrupule futile,
Qui jadis alarma la pudeur de Virgile,

Toi qui, pour cultiver les fleurs du beau dis-
    cours,
Dans les bordels du Pinde as suivi tous tes
    cours,
Qui, de l'art du fouteur fais ton étude unique,
Connais à fond la chose et chaque mot techni-
    que ;
Dis quels brillans assauts, quels célèbres com-
    bats
Soumirent de Didon le cœur et les appas :
Lève un coin du rideau que fit baisser Mécène;
Qu'à l'œil du spectatenr chaque acteur reste en
    scène ,
Et sur tous les objets de ce riant tableau,
Viens, catin du Parnasse , apporter ton flam-
    beau.


A peine les amans sont entrés dans la grotte,
Qu'en leur cerveau troublé maint desir déjà
    trotte ;
Bientôt le ciel fut calme et la nuit disparut ;
Mais si l'air est en paix, l'ardent couple est en
    rut ,

C 4

Dans leurs sens en désordre a passé la tempête ;
C'est au cul bien souvent que mène un tête-à-
    tête.

Tous deux étaient muets , en extase, et Didon
Se livrait en silence au plus tendre abandon ;
Mais sous le fin tissu d'une légère gaze
Pour elle deux tétons parlaient avec emphase ;
Sans cesse allaient , venaient , se montraient à
    demi ,
Et semblaient provoquer le superbe ennemi ;
Tandis qu'un œil baissé sur la cuisse du sire,
Épiait les progrès de son tendre martyre,
Mesurait son ardeur , admirait en secret,
Le long de son fémur , son vit jeune, indiscret,
Modeler sous le lin sa forme appétissante.
Son cœur en palpitait , sa gorge frémissante
Par ses élans pressés appelle le bonheur.
Déjà son rayon luit ; plein d'une vive ardeur
L'amant donne l'essor à ses transports rapides ;
Aux yeux de la beauté dans ses regards hu-
    mides
Il en a lu l'aveu ; sur les lys de son sein
Sa bouche en feu s'élance et tente un doux
    larcin ;

Envain la faible Élise à l'attentat s'oppose,
Déjà le baiser pris devient trop peu de chose :
Un desir satisfait enfante les desirs ,
Et les plaisirs goûtés ne sont plus des plaisirs.
Plus le héros obtient, plus il demande encore,
Didon voit ses projets, et son teint s'en colore ;
Elle veut, mais envain , enchaîner son ardeur ;
Et pour le mieux sentir, différer son bonheur ;
Le guerrier s'en irrite , il presse , elle suc-
  combe ,
Jette un cri de défaite, et sous son vainqueur
  tombe.
A l'aimable assaillant qui la presse en ses bras,
Didon dispute encor ses palpitans appas ;
Flattant , égratignant l'indiscret qui la trousse,
Elle approuve et condamne , elle attire et re-
  pousse
Son amant tour-à-tour défait et triomphant ,
Le desir sollicite et la pudeur défend ;
Quand le brillant fuseau de l'amoureux Alcide
Aux yeux d'Omphale en rut , se montre et la
  décide ;
Tous les forts sont rendus ; vainement la pudeur
Se fait entendre encor dans le fond de son cœur ;

Ce n'est plus qu'un roquet qui s'enfuit et qui
      jappe ;
C'est d'une lampe à sec la flamme qui s'échappe,
Qui, prête d'expirer, lutte encor et combat,
Et même en s'éteignant jette un dernier éclat.

Le héros, d'une main qui n'est plus téméraire
Parcourt l'albâtre nu de sa beauté moins fière ;
L'antre des voluptés fêté par le sultan
S'allume électrisé sous son doigt courtisan ;
La nymphe sur son sein qu'un doux transport
      agite ,
Attend en frémissant l'aimable néophite ,
Et d'un œil caressant où brille le desir ,
L'invite à pénétrer au temple du plaisir,
C'en est fait ; des amans les baisers se confon-
      dent ,
De leurs corps rapprochés tous les points cor-
      respondent ,
Et l'amour introduit le sacrificateur.
Les brasiers du plaisir ont senti leur vainqueur ;
Tout cède , et chaque pas dans la route amou-
      reuse
Arrache un cri brûlant à la victime heureuse.

Dans les lieux d'alentour par l'écho répété,
Ce cri dans tous les cœurs porte la volupté,
Et les nymphes en rut sur les roches voisines,
Appellent des Sylvains les secourables pines.

De ses maux , de sa mort ce jour seul fut l'au-
    teur ,
Ah ! les plaisirs du cul sont les tourmens du
    cœur.
Le mystère déjà la lasse et la chagrine ,
L'imprudente à l'amour veut ôter la sourdine ,
S'assurer son fouteur par un nœud plus légal ,
Et sceller ses plaisirs du cachet conjugal.

Soudain prend son essor au pays de Lybie
L'agile Renommée , animal amphibie ,
Qui vit par la fatigue et croît en voyageant ,
Timide nain d'abord , bientôt hardi géant ,
Dans sa course rapide il n'est rien qui l'arrête ,
Ses pieds sont sur la terre , au ciel touche sa tête ,
D'Encelade et de Cée abominable sœur ,
La terre l'enfanta dans ses jours de fureur ;
Son con l'ayant vomi dans un accès de rage ,
Recula d'épouvante en voyant son ouvrage.

Son corps hideux formé par de bizarres lois,
Offre sur tous les points tous les sens à-la-fois,
Et le monstre affreux cache ( effroyable mer-
    veille ! )
Sous chaque plume un œil , une bouche , une
    oreille.
Jamais le doux sommeil, beaume réparateur,
Ne raffraîchit ses sens ; la nuit l'oiseau facteur
Porte, en fendant les airs de son aîle bruyante,
Des désastres récens la nouvelle effrayante :
Sur le penchant d'un toît ; au sommet d'une
    tour ,
Sentinelle attentive il se poste le jour ;
Et glaçant les cités son indiscret organe
Dit le faux et le vrai, le sacré , le prophane.


Parmi le monde alors le monstre perroquet
Allait d'un ton malin débitant son caquet ;
Qu'un sieur Énée, issu du beau sang de Pergame,
Se montrait à la cour de Didon la grand'dame ;
Qu'au con de son altesse à son vit seul ouvert ,
Le prince avait déjà pris ses quartiers d'hiver ;
Que sa maîtresse en proie à l'amoureux délire ,
Quittant pour un engin le timon de l'empire ,

Bornait sa politique à régner sur des vits ;
Ainsi l'oiseau semait ses dangereux avis.

Non content de ces torts, il va trouver Iarbe,
Entre en son cabinet, comme il faisait sa barbe,
Lui fait de leurs ébats un indiscret récit,
Et dans son cœur jaloux met le feu du dépit.

Dans les champs de Barca la jeune Garamanthe,
Nymphe au minois frippon, à la taille char-
      mante,
Avait, sur un lit frais de vase et de limon,
Livré ses charmes nus à Jupiter Ammon,
Et senti jusqu'au fonds de son urne embrâsée,
Jaillir du dieu vainqueur la brûlante fusée :
Iarbe fut le fruit de ce furtif amour.

Ce prince, au dieu puissant dont il tenait le jour,
Jadis avait bâti cent temples magnifiques,
De guirlandes de fleurs couronné leurs por-
      tiques,
Consacré de sa main sur leurs autels naissans
La flamme inextinguible et l'immortel encens :
Mais indigné l'on dit qu'à la face meurtrie
De la divinité par lui si bien nourrie,

Cet impie en jurant vint épancher son fiel ,
Et traiter en ces mots le magistrat du ciel :


« Dieu bannal des humains , dit-il , toi qu'on
  adore
Du nord au pole austral , du couchant à l'aurore,
Peux-tu voir ces horreurs , et ne les punir pas ?
Es-tu borgne ou manchot, dieu sans yeux ou sans
  bras ?
Tes foudres sont-ils donc de vains feux d'ar-
  tifice ?
Ton tonnerre n'est-il qu'un bruit qui retentisse?
Une putain , errante en ce pays perdu ,
Qui , sur un sol ingrat , à mince prix vendu ,
A bâti , non sans peine , une bicoque sale ,
Qui , soumise à mes lois , marche ici ma vassale,
Refuse avec mépris les honneurs de mon vit ,
Et reçoit à ma barbe un troyen dans son lit !
Maintenant ce Pâris , ce damoiseau d'Asie ,
Les cheveux dégoûtans des parfums d'Arabie,
D'un bien qui m'était dû repaît son vit escroc,
Tandis qu'ici le mien pendra ses dents au croc ;
De mes dons cependant j'enrichirai tes temples ,
J'étendrai ton crédit par d'illustres exemples ;

D'autres foutront....»Du haut du céleste plafond
Jupiter entendit les cris de son garçon ,
Et baissant ses regards vers la ville où l'on bande,
Il écrit aussi-tôt à Mercure , et lui mande :
» Au reçu de ma lettre , allez, partez, mon fils,
Appellez les Zéphirs ; que leurs dos réunis
Vous portent a Carthage , où nuit et jour Énée
Au vagin de Didon tient sa pine enfournée ;
Croit-il , à prendre un cul bornant ses grands
   travaux ,
Obtenir , vil fouteur , les destins d'un héros ?
Et toujours s'escrimant de sa pine invalide,
Cueillir sur un sein flasque un laurier bien
   solide ?
Sa mère par deux fois au fer du grec cruel
Ne l'aura pas ravi pour le mettre au bordel ;
Et lui voir préférer, bourreau de sa mémoire,
Les lâches nuits d'amour aux jours purs de la
   gloire.
Elle présageait mieux de ce jeune éventé :
A l'entendre son vit, comme un phénix vanté,
Vainqueur de l'Italie en paladins féconde ,
Sous son prépuce un jour devait courber le
   monde ,

Si ce sort ne l'émeut, si, pour ce roi couillon,
La guerre est sans appât, l'honneur sans aiguil-
    lon ;
Si le desir de foutre est son seul véhicule,
Père dénaturé, privera-t-il Jule
Du trône ausonien qui lui fut dévolu ? »


Empressé d'obéir à cet ordre absolu,
Le dieu page aussi-tôt se lève, se secoue,
Prend ses deux ailes d'or qu'à ses talons il noue,
S'arme du caducée ou bâton de Jacob,
Que Moïse eut jadis, et dont Dieu frappa
    Job,
Bâton miraculeux qui tue et ressuscite,
Ouvre et ferme à son gré les portes du Cocyte,
Et par qui sont versés sur les frêles humains
Les paraphimosis, les chancres, les poulains.
Le Dieu s'élance ainsi de la sublime voûte ;
Un faisceau de rayons brillante au loin sa route ;
Les nuages ont fui, ses immortels regards
Bannissent la tempête, écartent les brouillards.
D'Atlas déjà son œil découvre le dos large
Qui, du globe des cieux, soutient la lourde
    charge.

Son front ceint de frimats, de hauts pins om-
        bragé,
De la pluie et du vent est sans cesse assiégé,
Son chef demi-pelé sous les neiges se cache,
Et des fleuves glacés pendus à sa moustache,
Descendent sur son sein en forme de rabat.

Vers son nez limoneux le dieu cingle et s'abat,
S'y repose, et bientôt d'un essor plus rapide
Précipite son vol sur la plaine liquide.
Vous avez vu souvent cet oiseau voyageur,
Du mois fleuri d'avril fidèle précurseur,
Raser l'onde argentée, et sur sa molle face
Jamais en l'effleurant, n'exciter de grimace ;
Tel est le dieu : sitôt que son aîlé patin
A touché les ramparts de l'illustre catin ;
Il apperçoit Énée, architecte novice ,
Au milieu des maçons diriger la bâtisse.
Le glaive des combats sur sa hanche collé,
Des perles d'Orient resplendit étoilé ;
De son épaule pend un manteau d'écarlate,
Présent de son amante, où sa main délicate
Avait en fils de soie, artistement brodé,
Des conins soupirans autour d'un vit bandé.

D

Il l'aborde, et d'un ton qui porte la menace :

«Vil greluchon, dit-il, est-ce donc là ta place ?
Oubliant son ménage et ses propres foyers,
Ta pine occupe ici d'inutiles loyers.
Songe à vuider les lieux : par la céleste voie,
Pour hâter ton départ, Jupin exprès m'envoie.
Quel espoir près d'un con enchaînant tes loisirs,
Fait à ton vit roquet japper de vains soupirs ?
Si de ton sort futur la mémoire assoupie
Ne peut se réveiller dans ton ame avilie ;
Si de l'honneur enfin l'aiguillon ne peut plus
De ton cœur racorni percer le dur calus,
Regarde Jule au moins que ta chaude manie
Prive de légitime et des champs d'Ausonie :
Sur un nombril stérile à toute heure étendu,
Tu places malheureux ton bien à fonds perdu.»

Ainsi parle Mercure ; aux yeux du troyen blême
Le dieu filou soudain se dérobe lui-même,
Il disparaît : Énée interdit, sans couleur,
Dans son cœur éperdu cherche envain sa valeur,
Il s'émeut, il chancelle, il pâlit, il s'étonne ;
Le frisson le saisit, la force l'abandonne.

Ses cheveux sur son chef se hérisse d'horreur ,
Et dans son gosier sec sa voix hésite et meurt.


Il brûle de partir , de quitter cette rive ,
Cette rive si chère à sa pine captive ;
Les faveurs de la reine , il y va renoncer.
Mais que faire ? que dire ? Et comment annoncer
A cet objet si doux un projet si barbare ?
Seront-ils après tout, ces adieux qu'il prépare,
Entendus de sang - froid d'une maîtresse en
    rut ?
Femme qu'amour conseille est un animal brut,
Et sourde à la raison quand son amant l'aborde,
N'entend que les discours dont bander est
    l'exorde.


A son esprit enfin en tous sens balancé ,
Le moins noble parti paraît le plus sensé ;
Il appelle Sergeste , et Cloanthe , et Mnesthée :
« Que la flotte en secret , dit-il , soit rajustée ,
Demain que tout soit prêt pour un départ furtif.
Moi j'irai de Didon calmer l'esprit craintif ,
Endormir ses soupçons , dissiper ses alarmes ,
Du feu de mes baisers tarir l'eau de ses larmes ,

Ou détournant leurs cours, au gré de mon desir,
Changer en foutre heureux les pleurs du dé-
    plaisir. »


Il dit, et d'obéir l'ardent trio s'empresse ;
Mais la reine (qui peut tromper une maîtresse)
La reine prévit tout ; mille pressentimens
Éclairent son esprit sur ces prompts mouve-
    mens.
La Renommée encor, d'une voix criminelle,
Vient du départ prochain lui porter la nouvelle.


L'amante à ce récit, dans son fougueux trans-
    port,
Sein nu, cheveux épars, s'échappe et vole au
    port,
Ainsi lorsqu'elle entend du fond des tabagies
Priape qui l'appelle aux nocturnes orgies,
La Thiade altérée et de foutre et de vin,
Court étancher la soif de son double ravin.


Ainsi Didon en proie à sa douleur mortelle,
Poursuit de son conin le transfuge infidèle,

Et dans un défilé l'arrêtant au détour :

« Perfide, espérais-tu me cacher un tel tour ?
Dit-elle, et méditant une lâche retraite,
Déloger de chez moi sans tambour ni trompette.
Ni ton amour juré, ni ces plaisirs secrets
D'un hymen incertain à-comptes indiscrets,
Ni même ta Didon à périr toute prête,
Ne peuvent donc t'ôter tes projets de la tête ?
Quoi ! tu veux de l'hiver affronter les dangers ?
Si tu ne fuyais pas vers des bords étrangers,
Sur un sol inconnu qu'un faux titre t'octroie,
Si Troie était encore, irais-tu chercher Troie
A travers les écueils d'une mer en courroux ?
Est-ce moi que tu fuis ? fuis-tu des nœuds si
          doux ?
Perfide, par ces pleurs d'une amante éconduite ;
Par ta main à branler jadis si bien instruite ;
Par ton vit ( puisqu'enfin dans son goût dé-
          pravé,
Didon, hormis ton vit, ne s'est rien réservé, )
Par ces premiers transports dont ma motte
          enivrée,
Se vit combler trop tard, se voit trop tôt sevrée.

Quand je réponds sous toi la messe du coït ;
Ne quitte pas l'autel , barbare , à l'introït ;
Reviens ; ton vit charmant fera renaître encore
Ce jour de mon bonheur éteint à son aurore.
Cher amant, s'il est vrai qu'à glaner mes faveurs
Ta pine au champ d'amour trouva quelques
   douceurs ;
Si de mes mouvemens l'obligeante souplesse
Jamais par des tons faux n'a trompé ta tendresse ;
Renonce à tes projets ; ne m'abandonne pas
Aux galans effrénés de ces brûlans climats ,
Fouteurs in-folio dont le priappe énorme
Sitôt qu'il chausse un con, l'éraille ou le déforme ;
Pour toi j'ai tout perdu ; j'ai méprisé pour toi
Les clameurs du public révolté contre moi ;
C'est pour toi que me haît la nation lybique :
Tout génie africain s'échauffe , s'alembique ,
Et distile sur moi son critique venin ;
J'apprends qu'un astronome , esprit faux , auteur
   nain ,
A qui j'ai fait déjà donner cent coups de triques ;
Etablit à mon con tous les vits concentriques.
Pour toi j'ai vu changer la louange en sifflets ,
Les respects en mépris, l'encens en camoufflets.

Dans tous les carrefours mon peuple en ses
       goguettes
M'habille, sans égards, de sales épithètes,
Et des noms qu'il me donne en ses vertes
       chansons,
J'entends autour de moi tinter les derniers sons ;
Enfin, c'est pour toi seul, éternel moraliste,
Que j'ai de la pudeur abandonné la piste ;
Et laissé faisander ma réputation
Qui, comme baume, avant flairait dans le can-
      ton.
A qui me laisse-tu dans cet exil funeste,
Cher hôte, d'un époux seul titre qui me reste ?
Est-ce pour voir mes murs par mon frère abattus,
Ou mes appas captifs par Iarbe foutus ?
Si du moins, si mon con eût pour son droit d'au-
      baine
De ton vit exotique obtenu quelque graine ;
Si tu m'avais laissé pour jouer dans ma cour,
Avant de me quitter, un fruit de notre amour,
Qui me rendît tes traits si chers à ma pensée,
Je ne me croirais pas tout-à-fait délaissée.


Elle dit ; à ces mots mon bougre en vrai couard,

Tenant les yeux baissés comme son Jean
     chouard ;
Je ne veux pas nier, reprit-il, d'un ton triste,
Les bienfaits dont ici vous m'étalez la liste,
Et tant que je vivrai, tant qu'on verra bander
Ce vit dont votre con daigna s'accommoder,
Dans mon ame toujours de vos charme éprise,
Vivra le souvenir de la sensible Elise ;
Je ne dirai qu'un mot : je n'eus pas, grace à Dieu,
Dessein de vous quitter sans le vin de l'adieu.
Si de votre bonheur mon vit fut l'architecte,
Sa loyauté pour vous ne peut être suspecte,
Vous l'allez voir encore avant la fin du jour,
Vous faire son vatout au brelan de l'amour.
Mais ne nous flattons point ; quand la main du
     mystère
Mit mon curé velu dans votre presbytère,
Je ne prétendis pas subir le joug d'hymen ,
J'acceptai vos faveurs , et non pas votre main ;
Et ma pine en entrant dans votre con facile,
En fit son pied-à-terre , et non son domicile.
Foutre est d'un galant homme , épouser est d'un
     sot.
Si Dieu m'eût ici-bas laissé choisir mon lot.

Vous me verriez encore , ô rives du Scamandre ;
Ma main, de Troye éteinte, eut ranimé la cendre,
Et malgré Ménélas , victorieux cocu ,
J'eusse aux murs de Priam rétabli le vaincu.
Mais le dieu de Grynée aux rives italiques
M'ordonne de porter mes errantes reliques ;
C'est la patrie enfin promise à mes neveux.
Si les murs de Carthage ont su borner vos vœux ,
Si ce bord vous retient, vous de Tyr citoyenne ,
Le troyen ne peut-il sur l'ausonique plaine
Fixer , après sept ans , ses lares incertains ,
Et chercher comme vous des empires lointains ?
Pour moi, soit que la nuit tende ses sombres
       toiles ,
Soit que l'astre du jour éclipse les étoiles ,
L'ombre d'un père mort m'effraie et me pour-
       suit ;
L'intérêt de mon fils à son tour me séduit.
L'Hespérie est un bien dévolu sur sa tête,
Dont il ne reste plus qu'à faire la conquête.
Cet empire brillant que lui promet le sort ,
Lui doit appartenir par la loi du plus fort ;
On ne me verra point imprudent sacrilége ,
Attenter à ses droits , enfin , vous le dirai-je ?

E

Le ministre du ciel ( mon cœur vous le cachait )
M'a remis ce matin ma lettre de cachet ;
Je l'ai vu plus léger qu'un des enfans d'Eole ;
Descendre couronné de la sainte auréole ,
Et du son de sa voix j'ai le tympam félé ,
Modérez donc l'aigreur de ce long démêlé ;
Croyez que malgré moi... Tandis qu'il parle
     encore
D'un crachat sur le nez la reine le décore ,
Et lançant contre lui des regards de travers ,
D'un silence pénible elle sort par ces vers :

Non , tu n'es pas sorti d'une source divine ;
Le sang de Dardanus n'anime pas ta pine.
Né du Caucase affreux , par les tigres nourri ,
De pierre et de cailloux ton cœur dur fut pétri ,
Pourquoi dissimuler ? qu'attendre ? Le parjure
Peut-il pousser plus loin la fourbe et l'imposture ?
Non , pour peindre son cœur , et lâche , et
     déloyal ,
Je ne vois point de noms... dans l'apparat royal.
A-t-il plains mes ennuis ? A-t-il à mes alarmes
Donné quelques soupirs , accordé quelques
     larmes ?

Jeté sur son amante un regard de pitié ?

Lui voit-on un regret au moins étudié ?

Oui , Jupiter , Junon , toute la cour céleste

Ont droit de s'indigner d'un procédé si leste.

Plus de foi sur la terre : au nauffrage échappé ,

Je l'ai reçu chez moi , logé , blanchi , nippé ,

A tous ces compagnons j'ai racheté la vie ;

Maintenant , ( cette idée attise ma furie )

Maintenant il m'allègue un maquereau des
       dieux

Qui lui vient du départ donner l'ordre odieux.

Croirai-je que là-haut la cohorte divine

S'occupe à d'autres soins qu'à se branler la pine?

Je ne te retiens plus ; cours, vole, et va chercher

A ton ambition cet empire si cher.

J'espère toutefois , chef de vile canaille ,

( Si le Dieu que je sers n'est pas un Dieu de paille)

Qu'un châtiment prochain t'est promis et t'est
       dû ,

Et qu'au milieu des mers, aux rochers supendu,

Les sons , les derniers sons de ta voix expirante

Appelleront envain le nom de ton amante.

Absente je te suis , même après le trépas ,

Par-tout mon ame errante assiégera tes pas ,

Tu païeras ton crime , ingrat , et la nouvelle
En viendra jusqu'à moi dans la nuit éternelle.
Le récit de tes maux calmant mon déplaisir
Aux brasiers de l'enfer viendra me rafraîchir :
Heureuse des tourmens dont tu sera la proie ,
Au séjour des douleurs je connaîtrai la joie.


La princesse à ces mots sent de son faible corps
Se détraquer soudain les fragiles ressorts ;
Et fermant au grand jour sa paupière affaissée ,
Sur sa dame d'honneur tombe pâle et glacée ;
De ses femmes soudain un escadron trottant,
Accourt, et sur son lit la transporte et l'étend.


Malgré que le troyen sente au fond de son ame,
Naître l'ardent desir de sonsoler sa dame,
D'adoucir les aigreurs de son jaloux dépit ,
D'appliquer à ses maux le baume de son vit ;
L'ordre d'en haut l'entraîne ; il soupire, il san-
     glotte ,
Maudit dieu, plaint Élise, et retourne à sa flotte.
Tout s'anime à sa vue, et mousse, et matelot,
Radoubée à demi, l'escadre est mise à flot,

Et les arbres coupés dans les bois de Carthage,
Sont tout rameux encor chargés sur l'équipage.
La troupe des troyens sort des murs à longs flots;
Vous les eussiez vu tous, leur paquet sur le dos,
S'empresser à l'envi sur les rives d'Afrique :
Telle on voit des fourmis la sage république
présager les hivers, et dans son magasin
Voiturer la moisson faite en un champ voisin.
Par les prés, par les bois le noir troupeau
      chemine,
Et porte au creux d'un tronc son orge ou sa
      farine.
Les savoyards du peuple ont le grain sur le dos,
Les autres plus huppés dirigent les travaux,
Et des lourds porte-faix hâtent la marche lente :
De l'ardeur du travail tout le sentier fermente.


Quels soupirs, ô Didon ! quels sentimens secrets
S'échappaient de ton cœur en voyant ces apprêts,
Quand du haut de ta tour découvrant le rivage,
Tu le voyais frémir d'une rumeur sauvage,
Quand les cris des troyens sur le port assemblés
Venaient d'un triste effroi frapper tes sens
      troublés,

E 3

Quand d'un perfide amant la fuite clandestine

Annonçait à ta motte un déficit de pine,

Et d'un nouveau veuvage effrayait tes appas ?

A quels excès souvent ne nous forces tu pas,

Amour ! Et quels moyens ne met pas en usage

Un con dont un vit cher déserte l'œsophage ?

Aux prières, aux pleurs avoir encor recours,

Au ton du suppliant abaisser ses discours

Est la branche dernière où son espoir s'accroche;

Du moins allant au diable, elle ira sans re-
proche.


'Anne, ma sœur, dit-elle, entends-tu les tam-
bours ?

Entends-tu battre aux champs ? Sortis de nos
faubourgs

Les troyens par troupeaux, courent à leurs
navires ;

La voile déployée appelle les zéphires,

Et les mousses joyeux de quitter nos climats,

Ont couronné de fleurs les pouppes et les mats.

Si mon con dut s'attendre au départ du perfide,

Il en pourra, ma sœur, supporter tout le vide,

Mais va, supplie encor ; le cruel, je le sais,
Fit de toi l'entrepôt de ses plus chers pensers,
Tu connais de son cœur la plus sûre avenue,
De ses égards pour toi tu connais l'étendue ;
Didon n'eut que son vit ; mais Anne a ses respects ;
Va le trouver, ma sœur, unie avec les grecs
Je n'ai point envoyé mes flottes à Pergame ;
Mes mains dans Ilion n'on point porté la flamme,
Ni de son père mort prophanant les tombeaux,
Eparpillé sa cendre ou dispersés ses os ;
Eh ! pourquoi l'infidèle aux cris de ma misère
Serait-il sans pitié ? Le sort, le sort contraire
M'offriroit-il toujours quand je les veux toucher,
Des vits de cire, ô ciel ! et des cœurs de rocher ?
Qu'il m'écoute ! Il peut bien me rendre la
      pareille,
Et mon con ne lui fit jamais la sourde oreille.
Qu'il diffère du moins ; qu'il attende, pour
      fuir,
Le sommeil de l'autan, le réveil du zéphir.
Je ne demande plus qu'il me trousse et me foute,
Je saurai m'en passer, ma sœur, coute que coute ;
Non, je n'exige pas que son vit vagabond,
Ce vit qui m'était cher, et qui me fait faux bon,

Renonce aux cons latins qu'il va trahir encore ;
Ce n'est qu'un vain délai que mon amour
    implore :
Le tems d'accoutumer dans ces nouveaux mal-
    heurs ,
Ma triste motte au jeûne , et mon ame aux
    douleurs.
De ce dernier effort, d'une faveur si chere ,
Ma mort sera bientôt le terme et le salaire (1).
Ainsi priait Didon : sa sœur d'un zèle ami
Porte l'humble supplique au superbe ennemi ;
Mais de ses vains soupirs l'infidèle se joue ;
Contre sa cruauté leur éloquence échoue ,
Rien ne peut l'émouvoir ; couvert d'un triple
    acier ,
Son cœur est devenu le cœur d'un financier.
Près des monts Appenins tel on voit un vieux
    chêne
Sur qui des aquilons la fureur se déchaîne ,

---

(1) Pluseurs commentateurs changent CUMULATUM
en CUMULATAM ; ce qui donne un sens tout contraire, car par-là Didon aenoncerait à sa sœur qu'elle
va , par une prompte mort, la laisser bientôt son hé-
ritière ; ce qui implique contradiction avec le soin
qu'elle prend de lui cacher son dessein funeste.

Arrêter, repousser leurs efforts désastreux ;
C'est envain qu'à l'abattre ils s'escriment entre
    eux ,
Et de ses bras rompus jonchent au loin la terre ,
L'arbre au sol attaché se fout de leur colère ;
Son pied du roi des morts foule le noir taudis ,
Et son front orgueilleux est prêt du paradis :
Egalement battu , l'inexpugnable Enée
Tient bon contre les cris d'une femme effrénée ,
Vainement son cœur parle et son vit se roidit ,
Il fait taire son cœur , et fait baiser son vit.

Sûre enfin des projets d'une pine infidelle ,
Et veuve de l'espoir d'en parer sa chapelle,
Didon dans son angoise implore le trépas ;
Car de quoi sert la vie alors qu'on n'y fout pas ?
De prodiges sans nombre un sinistre cortège ,
A chaque instant du jour la poursuit et l'assiége ;
Tandis que sur l'autel où brûle un pur encens,
Aux dieux hospitaliers elle offrait ses présens,
( Ma pine à ce récit, et se crispe, et se glace )
Elle a vu du saint lieu les murs changer de place,
Dans les vases sacrés les liqueurs se noircir ,
Le vin en sang caillé changer et s'épaissir ;

Nul ne vit ce prodige , et la discrète reine
Sut le taire à sa sœur non sans beaucoup de
    peine.
Bien plus dans son salon tendu de satin noir
Un autel en sopha s'élevait , où le soir
Son amant célébrait l'office de Sichée ;
Un jour elle y crut voir son ombre panachée ,
D'un ton de trépassé murmurant son affront ,
Venir lui reprocher les cornes de son front ;
De l'oiseau de la mort la triste psalmodie
A frappé dans la nuit son oreille assourdie ;
Les oracles obscurs des vieux sorciers de Tyr
A son esprit déjà paraissent s'éclaircir ,
Et d'un songe amoureux si la douleur la flatte ,
Le vit près d'enconner, disparaît.... ou la rate :
En elle tout annonce un cerveau détraqué ;
Toujours elle croit voir son peuple rembarqué ,
Da laisser seule au port, toujours à sa poursuite
Il lui semble courir sans argent et sans suite.
Tel Penthée autrefois voyait dans ses terreurs ,
D'Eumenides par-tout des bataillons vengeurs ,
Ou tel fuyant sa mère , Oreste au lieu d'escorte
Rencontrait de la mort les trois sœurs sur sa
    porte.

Quand dans ses noirs chagrins la sombre myledi
Eut de sa mort enfin conçu le plan hardi ,
Que ce projet affreux eût brouillé sa cervelle ,
Elle accourt vers sa sœur , sa noble maquerelle ,
Et colorant son front du rayon de l'espoir ,
Sous un riant dehors couvre son dessein noir.

Partage le bonheur que le destin m'envoie ,
Dit-elle ; en ce moment le ciel m'ouvre une voie
Qui va m'ôter l'amour , ou me rendre l'amant
Aux lieux ou sur son dos portant le firmament,
Atlas en fait tourner la brillante machine ,
Au séjour étoilé fier d'avoir son échine ;
Vers ces bords reculés où le soleil pâlit,
Et las de son trajet rentre enfin dans son lit ,
Est un climat bornant la noire Ethiopie ;
De-là me vient, ma sœur, une vieille harpie ,
Astrologue femelle au sourcil renfrogné ,
Au teint jaune et livide , au museau réchigné ,
Furie horrible à voir ; mais experte et prudente,
Qui d'Hesper autrefois fut la digne intendante ,
Qui gardait son château qui défendait l'abord
De ces jardins fameux où croissaient des fruits
     d'or ,

Et sans cesse au dragon servait pour nourriture
Des tourtes , moitié crême, et moitié confiture ;
Son art a le pouvoir de délivrer les cœurs
Des folles passions, des lubriques ardeurs ,
Et par un jeu contraire allumer dans une ame
L'ardente soif du foutre et l'histérique flamme,
Faire rétrograder tous ces astres errans.
Près d'elle tous sorciers ne sont que de francs
   ânes ;
Du manoir ténébreux elle évoque les manes ;
Tu verrais sous ses pas la terre s'entr'ouvrir ;
Les pins du haut des monts à sa voix accourir.
Du puissant dieu du jour , ô pine diaphane ,
Je vous prends à témoin que , malgré moi pro-
   fane ,
Et de l'art infernal empruntant le secours ;
A la négromancie à regret j'ai recours.
Chère Anne , de mon cœur confidente sensible ;
Des cours de mon palais choisis la moins visible ;
Qu'en secret par tes soins on y dresse un bûcher ;
Ta main y placera tout ce qui me fut cher,
Les armes du perfide et ses tristes dépouilles ;
Ce lit où m'inonda le doux jus de ses couilles ;

Ce qui me reste enfin d'un ingrat trop aimé
Doit être par le feu détruit et consumé,
La prêtresse l'ordonne ; ainsi parle la reine,
Et son front s'est couvert d'une pâleur soudaine.
Toutefois au cœur d'Anne aucun pressentiment
Ne porte le soupçon d'un fâcheux dénouement;
Elle est loin de prévoir la scène plus tragique
Qu'à la mort de Sichée, et sans plus de logique
Du funeste bûcher elle ordonne l'apprêt.


Bientôt Didon se rend dans cet endroit secret,
Y sème à pleines mains l'œillet et le narcisse,
Et d'un rameau funèbre à l'entour la tapisse,
Place d'un bras tremblant sur le lit conjugal
De son ingrat Roland, la fière Durandal,
Sa chemise de nuit de son foutre encor teinte,
Et le tableau trop cher où son image est peinte.
La sorcière à l'autel, les cheveux sur le dos,
Invoque trois cents dieux, l'Erèbe, le cahos,
Et la sœur d'Appollon, déesse en trois personnes,
Qui, variant le jeu de ses grâces mignonnes,
En tous lieux différente est vierge au sein des
     airs,
Dans les bois chasseresse, et putain aux enfers.

Au pied du saint autel sa main verse une eau
terne ,
Eau d'un bourbier voisin, baptisée eau d'averne ,
Pile des végétaux remplis d'un noir venin,
Coupés au clair de lune avec des faulx d'airain,
Et paîtrit l'hippomane , impur sang des mens-
trues ,
Sur le front du poulain en naissant épandues.

Didon même , à l'autel par son ordre dressé,
S'avance le sein nud, le pied droit déchaussé ;
Sa main des pains bénis tient l'offrande sacrée ;
Sombre, l'air inquiet, et la vue égarée ,
Elle invoque les dieux témoins de son dessein ;
Et s'il en est quelqu'un dont le pouvoir plus saint
Venge des cons trompés l'impardonnable injure,
Sa douleur en mourant lui dévoue un parjure.

Il était nuit ; déjà rois du sombre Univers,
Le sommeil et l'amour planent au sein des air ;
Ils sèment sur la terre en agitant leurs aîles ,
Les songes libertins, les flammes infidelles ;
Déjà la putain sort et guette le miché ;
Sœur Ursule au couvent prend son godemiché ;

C'est là l'heure où fraudant les droit de l'hy-
      ménée ,
La beauté sous le drap victime fortunée ,
Lasse enfin de combattre un desir irritant ,
Abandonne au plaisir son vagin palpitant.
Dans le fond des forêts , sur les plaines liquides,
Le long des lacs profonds, au pied des monts
      arides ,
Tout le peuple animal goûtait dans le repos
L'ivresse des plaisirs ou l'oubli de ses maux ;
Mais quand tout dort ou fout pendant ces
      sombres heures ,
Toi seule en ton palais, hélas ! veilles et pleures,
Et tu ne reçois plus , malheureuse Didon ,
Le sommeil dans tes yeux , ni le vit dans ton
      con.
La voix du désespoir parle seule à son ame ;
Son moite clytoris et s'agite , et s'enflamme ,
Et la rage d'amour renaissant dans son sein ;
Entre mille pensers tient son cœur incertain.
Quoi ! dit-elle, écumant de mercure et de nitre,
Reine prostituée irai-je avec ce titre
A mes premiers amans , au nomade abusé ,
Rouvrir mon con royal justement méprisé ?

Faut-il bandant encor pour l'ingrat qui me
    brave,
M'embarquer sur sa flotte et le suivre en esclave?
Pour prix de mes bienfaits voir des soldats
    bourrus
Insulter lâchement qui les a secourus;
Et peut-être leur chef (ô chagrin qui me tue!)
Se foutre d'une amante après l'avoir foutue?
Eh ! ne connais-tu pas, imprudente Didon,
Les parjures enfans du faux Laomédon ?
Dois-je seule au milieu de ces fringantes pines
Exposer de mon con les modestes babines ?
Irai-je avec les miens ? Mon peuple obéissant
Fera-t-il avec moi ce voyage indécent ?
Entraînerai-je encor sur la liquide plaine
Ceux que je n'ai de Tyr arrachés qu'avec peine?
Non, non; trop vains projets : meurs plutôt,
    garce, meurs ;
Termine avec le fer ta vie et tes douleurs.

C'est toi, ma sœur, c'est toi dont l'amitié funeste
A placé sur ma motte un vit que je déteste,
Toi par qui ce serpent réchauffé dans mon sein,
A d'un poison mortel abreuvé mon vagin,

Toi par qui, sur le front de feu monsieur Sichée,
L'aigrette des cocus brille enfin attachée.
Dieux ! pourquoi n'ai-je pu, libre dans mon
    palais ,
Vivre, ainsi que la brute, au milieu des forêts,
Et de mes desirs seuls esclave fortunée ,
Sans entrave et sans loix, foutre au jour la
    journée ? »


C'est ainsi que Didon dans la paix de la nuit,
Plaignait de ses plaisirs l'édifice détruit ,
Tandis qu'à ses chagrins son amant insensible ,
Tranquille sur son bord, se couche et dors
    paisible ;
Mais du sommeil à peine il goûte le repos,
Voilà qu'un spectre affreux, ministre d'At-
    tropos ,
Vient glacer ses esprits pendant la nuit obs-
    cure ;
Un grand fantôme blanc, tout semblable à
    Mercure ,
Apparaît à ses yeux, et d'un air indigné
Porte au héros ronflant un prompt réassigné :

F

« Peux-tu dormir, dit-il, bâtard d'une déesse,

Quand le péril par-tout t'environne et te presse ?

N'entends-tu pas le vent qui t'invite à partir ?

Insensé ! ta putain, digne fille de Tyr,

Pleine d'un foutre aigri qui dans son sein

     fermente,

Médite une vengeance, et terrible et sanglante ;

Fuis lorsque tu le peux ; sache que si demain

L'aube, encore en peignoir, ne te trouve en

     chemin,

En flots séditieux le peuple de Carthage

Va, la torche à la main, inonder le rivage:

Crains tout ; connais la femme et ses vœux

     inconstans ;

L'orage dans son cœur est voisin du beau

     tems. »

A ces mots l'huissier – dieu dans la nuit se

     replonge ;

Énée épouvanté de l'horreur de ce songe,

Et le cœur agité d'un violent tic-tac,

Saute, en criant d'effroi, du fond de son hamac.

De la main gauche il prend son pentalon de

     serge ;

De la droite il saisit sa pucelle flamberge,

Et crie aux matelots :« Réveillez-vous , enfans,
Hors du lit, braie au cul, rame en main, voile aux
      vents ,
C'est un dieu qui le veut ; c'est un dieu qui
      l'ordonne ,
Son éperon vainqueur me presse et m'éguil-
      lonne ;
Oui, quelque soit la haut ton rang et ton emploi,
Saint habitant des cieux , je reconnais ta loi ;
De ton trône azuré , de la céleste voûte ,
Protège notre fuite , et guide notre route ;
Il dit , coupe le cable, et prend le gouvernail. »

Des matelots soudain la troupe est au travail :
On les voit tous ardens, tous arqués sur les
      rames ,
Du mol acier des eaux faire jaillir les lames.
La mer a l'aviron qui l'agite et la fout ,
Ouvre un vagin liquide où le foutre amer bout.
Et sur son sein ému qui gémit et qui fume ,
Elève en tourbillons sa spermatique écume,
L'onde sous les vaisseaux à l'entour disparaît,
Et la rive de loin déjà baisse et décroit.

De Titon cependant l'épouse radieuse
Ouvrait vers l'orient sa course lumineuse.

F 2

Exhalant sous ses pas les parfums de son con ;
Quand la reine apperçut du haut de son balcon
Aux premiers feux du jour s'éclipser les étoiles,
L'escadre des troyens voguer à pleines voiles ;
Le rivage désert et le port sans rameurs ,
Elle emplit son palais de lugubres clameurs ,
Lacérant son beau sein , arrachant la charmille
Du vivier où l'ingrat casernais son anguille :


« Il ira donc , dit-elle , et ce nouveau venu
Aura nargué mon con impunément foutu !
Dieu vengeur , et mon peuple , armé pour ma
          défense ,
N'ira pas du pendart châtier l'insolence !
Courez , bravez les vents , les écueils et la mer ;
Portez sur ses vaisseaux ; et la flamme et le fer...
Que dis-je ? O ma raison quelle aveugle folie
Au vit d'un plat coyon vous attache et vous lie?
Tu touches , malheureuse, à tes destins maudits,
Méconnus si long-tems , et si souvent prédits ;
Réflexion tardive ? à présent tu raisonnes ;
Il fallait raisonner quand tu donnois des trônes.
Le voilà donc cet homme en saint canonisé ,
Pour s'être , sous son père et ses dieux , déguisé,

Enfui comme un poltron de sa patrie en flamme,
Content de se sauver, et de perdre sa femme !
Et qui, de cour en cour, fier de son déshonneur,
Colporte sa bassesse et son vit suborneur ?
Le traître ! N'ai-je pu disperser sur les ondes
Sa pine vérolée et ses couilles immondes,
Assassiner ses gens, massacrer ses amis,
D'Asgagne dépouillé faire un affreux salmis ;
Et moi-même servir au père misérable,
Des membres de son fils le ragoût exécrable !
Mais enfin du combat le destin entre nous
Aurait été douteux ? Douteux, soit ; je m'en fous.
Résolue à mourir, qu'avais-je encore à craindre,
Et qui pouvait forcer ma rage à se contraindre ?
J'aurais porté le feu dans son camp abhoré,
A la flamme, à la mort tout eût été livré ;
Sur le fils palpitant j'eusse égorgé le père ;
J'eusse éteint dans son sang sa nation entière ;
Et me branlant moi-même à leurs yeux expirans,
J'aurais rendu leurs maux et mes plaisirs plus
    grands.
Soleil, flambeau des cieux qui par-tout fais ta
    ronde,
Junon, témoin secret de ma douleur profonde,

Nuit, sombre déité des putains, des filoux,
Qu'invoquent les amans, que craignent les jaloux;
Vous, filles de l'enfer, horribles Euménides,
Qui poursuivez le crime et les amans perfides;
Oyez la voix d'Élise à ses derniers instans,
Et de vos fouets vengeurs frappez les inconstans.
S'il faut qu'un scélérat qui méritoit la corde
Au rivage promis sans se noyer aborde,
Si Jupin en son chef ainsi l'a résolu,
Et si tel est du sort le décret absolu ;
Qu'il n'y trouve du moins qu'une ingrate patrie,
Vaincu, s'il y combat ; cocu, s'il s'y marie ;
Qu'il aime une maîtresse et qu'il en soit haï,
Qu'il croie à des amis et qu'il en soit trahi,
Ou s'il en est encor voués à son service,
Qu'égorgés à leurs yeux, leur mort soit son
     supplice ;
Eperdu, l'ame en transe et l'esprit hors des
     gonds,
Qu'il cherche des secours et trouve des affronts,
Et lorsqu'il aura su, rampant avec adresse,
S'élever jusqu'au trône à force de bassesse,
Qu'alors la mort s'offrant à son œil étonné,
Frappe son front superbe à peine couronné.

Sur un sable étranger laissé sans sépulture ,
Que son corps des vautours devienne la pâture ,
Et que son ombre errante aux bords du fleuve
    noir ,
Bande pendant cent ans pour l'infernal manoir.
C'est là le dernier vœu que mon cœur forme
    encore :
C'est l'adieu que je dois au traître que j'abhore.
Et vous , ô tyriens, vengez sur ses neveux
L'affront fait à mon con dans ces jours mal-
    heureux.
Qu'à ma cendre endormie un agréable rêve
Apprenne qu'entre vous il n'est ni paix ni
    trève.
Qu'il naisse de mes os quelque vit spadassin ,
Qui des troyens felons suive par-tout l'essaim ,
Qui toujours les pourchasse , et bandant de
    vengeance ,
Extermine en cent lieux leur parasite engeance !
Puisse entre les enfans de Pergame et de Tyr
Da la haine jamais les sources ne tarir.
Que jamais aucun nœud , qu'aucun traité ne
    lie ,
Les rivages d'Afrique et les bords d'Italie ,

De ces bords ennemis que les flots courroucés

Heurtent leurs fronts toujours l'un vers l'autre
poussés.

Qu'en tous lieux, qu'en tout tems mine cartha-
ginoise ,

Pour visage latin soit un sujet de noise.

Puissent ces fiers latins un jour s'entregorger ;

Que leur propre fureur conspire à me venger ;

Et si ce n'est assez des discordes civiles ,

Que l'amour plus cruel dévaste encor leurs
villes ;

Qu'apostats des vagins, d'un faux culte enivrés,

Ils offrent à des culs leurs vits dénaturés ,

Et d'un goût destructeur victimes scandaleuses,

Descendent aux enfers par des routes hon-
teuses. »

Elle dit, et son cœur de sentimens confus ,

Eprouve en même tems le flux et le reflux.


Cherchant dans les ennuis dont elle est pour-
suivie ,

Le chemin le plus court de sortir de la vie,

Elle appelle Barcé , par qui feu son mari ,

Dans un faubourg de Tyr, avait été nourri,

Car sa propre nourrice, ( il est bon qu'on le sache )
Était morte au pays d'un coup de pied de vache.


« Barcé , dis à ma sœur de hâter son retour ;
Dis-lui que pour calmer cet ouragan d'amour ,
Qui trouble ma cervelle et qui ternit ma gloire ,
Elle amène des bœufs la troupe expiatoire ,
Et toi sur ton front sec place un feuillage verd ;
Je veux d'un sacrifice au dieu du Styx offert
Achever ce matin la pompe différée ,
Et brûlant du troyen la dépouille abhorée ,
Laisser sur le bûcher , avec ses vieux haillons,
L'amour qu'ont dans mon sein allumé ses
        couillons. »
Elle dit , et la duègne , au lourd pas de tortue ,
Soudain à trottiner s'excite et s'évertue.


A ce noir appareil , à ces apprêts de mort ,
Élise s'épouvante et frémit de son sort ,
Son teint pâle et marbré dit l'effroi de son ame ;
Dans un orbite en sang roulant un œil de flamme,
Farouche , elle traverse à pas déconcertés
Ces superbes salons , ces boudoirs désertés ;

G

Qu'aux tournois de l'amour consacra sa tendresse.

A peine elle apperçoit son bûcher que l'on
dresse,

Elle y saute à pieds joints, et d'un bras peu
chrétien,

Tire de son fourreau le sabre phrigien,

Ce sabre qu'en faveur de son droit de jambage

Lui donna son amant pour un moins triste usage.

Si-tôt que du parjure elle eut apperçu là,

Et le frac du matin, et l'habit de gala,

Ce lit sur-tout, ce lit où sa chaude moniche

Au priappe Énéen servit long-tems de niche,

Suspendant un moment ses pleurs et ses san-
glots,

Elle s'y précipite et dit ces derniers mots :

« O restes précieux, ô dépouille chérie,

Tant que le ciel permit le bonheur à ma vie !

Voiles qui receliez des appas si nerveux,

Ouvrez-moi votre sein où logeaient tous mes
vœux.

Recevez-y mon ame à regret exhalée,

Qu'elle n'y soit jamais de noirs soucis troublée.

J'ai vécu ; j'ai rempli ma tâche, et de mes jours
Le torrent orageux est au bout de son cours ;
Mais mon ombre du moins aux enfers reléguée
Du reste des putains marchera distinguée ;
Mon nom peut espérer quelque célébrité ;
J'ai bâti les ramparts d'une illustre cité ;
J'ai vengé mon mari ; j'ai, d'une main hardie,
D'un frère ambitieux puni la perfidie ;
Heureuse mille fois si, par l'amour guidé
Jamais troyen bandant n'eût ma cote abordé,
Si de mon faible con l'ouverture évâsée
N'eût offert à son vit une conquête aisée. »

Elle dit et soupire , et pressant ces coussins ,
Confidens autrefois de plus tendres desseins :
» Sur ce lit qui m'a vu courir une autre chance,
Faut-il mourir , dit-elle, et mourir sans ven-
    geance ?
Mais mourons, c'est assez ; brisons d'indignes
    fers ,
C'est ainsi que Didon veut descendre aux enfers ;
Mourons ; que le perfide auteur de mon sup-
    plice ,
Reconnaisse les feux qu'alluma son caprice ,

Et que son cœur ingrat, s'il connaît le remord,
Emporte le tourment d'avoir causé ma mort.
Il manquait à son vit d'être un vit régicide. »

La barbare à ces mots s'apprête au suicide.
Le dépit furieux arrache ce corset
Qu'en des tems plus heureux l'amour seul
    délaçait,
Brise ces vains cordons dont l'utile artifice
Etayait de son sein le mobile édifice.
Ce sein qu'elle revoit éclatant de blancheur,
Coûte encor un soupir, un regret à son cœur ;
Mais sans plus s'amuser enfin à la moutarde,
Elle y plonge en courroux le fer jusqu'à la garde.
De la plaie, à grands flots, son sang sort en
    fumant,
Et son bras sur son lit tombe sans mouvement.
De mille cris confus soudain les airs frémissent,
Les murs en sont frappés, les voûtes en gé-
    missent ;
Les femmes en clameurs exhalant leurs regrets,
De leurs longs beuglemens emplissent le palais.

De ce malheur subit la nouvelle semée
Germe, et dans la rumeur met la ville alarmée ;

Ou eût dit que Carthage avait subi l'assaut ;
Déjà plus d'une vierge , éveillée en sursaut ,
Présage sa défaite, et , mourante pucelle ,
A souffrir la tourmente apprête sa nacelle.
Barrigadé chez lui le bourgeois consterné
Au moindre bruit croit voir le soldat effréné ,
Moissonner en entrant, bourreau de sa famille,
Et les jours de son fils , et la fleur de sa fille.

Anne alors, la bonne Anne, était loin de penser
A la scène d'horreur qui vient de se passer ;
Pour appaiser le sens qui s'insurge et la vexe ,
Elle était occupée à baigner son annexe.
La prude toute entière à ces pieux devoirs
Du vieux quai des amours nétoyait les trottoirs ;
Arrosait les déserts de son brûlant tropique ,
Ou plutôt ( pour parler sans fleurs de rétho-
    rique )
Elle faisait bidet , et , l'éponge à la main ,
Lavait les fonds bourbeux du puisart féminin.

A ce bruit désastreux la triste sœur d'Elise
De ses ongles crochus sillonne sa peau bise :
Ruisselant sous ses doigts le liquide carmin ,
Teint de ses vieux tétons le jaune parchemin.

G 3

Et ce cyclope affreux que le cotillon cache
D'un sang inattendu voit rougir sa moustache.
Dans le palais désert elle court en fureur
En meurtrissant son corps, en heurlant sa
   douleur ;
Elle arrive, et témoin du spectacle effroyable,
Elle accuse le sort, le ciel, et donne au
   diable
Sa sœur qui tristement rendait son ame à Dieu.


« Quoi, dit-elle, ( en effet c'était ici le lieu )
Quoi ! ces feux, ces autels, ce pieux sacrifice,
Pour me tromper, ma sœur, n'étaient qu'un
   artifice ?
Femme ingrate ! as-tu dû si peu m'apprécier ?
Mon sort ne pouvait-il au tien s'associer ?
Au même instant que toi j'aurais ployé bagage,
Et nos ames de front auraient fait le voyage.
J'aurai donc élevé ce bûcher odieux,
Barbare, pour t'y voir expirer à mes yeux ;
Et toi même hâtant ta triste catastrophe,
Pour une tache au drap, jeter au feu l'étoffe.
Ton précoce trépas, ton départ impromptu
Entraînent ton état du même coup foutu,

Et frappant tes sujets quand tu te sacrifies ;
Ta mort est l'éteignoir du flambeau de nos vies.
C'est assez pérorer, finissons mon caquet,
Pour laver sa blessure apportez le baquet ;
Si sur sa bouche encor erre un souffle pos-
    thume,
Que ma bouche du moins le recueille et le
    hume. »


Elle dit, et d'un saut franchissant les degrés
Fait voir de son con gris les remparts délabrés ;
Elle prend dans ses bras la mourante princesse,
Contre son flasque sein là réchauffe, la presse,
Et choisissant un pan de son casaquin blanc,
De la large blessure elle étanche le sang.
La reine cependant sur son grabat gissante
Veut lever, mais envain, sa paupière pesante,
Sa défaillance trompe un inutile effort,
Son gosier a redit le râle de la mort.
De funèbres couleurs sa tête qui se plombe,
Par trois fois se soulève, et par trois fois re-
    tombe,
Et tournant vers le ciel un œil qui s'obscurcit,
Elle y cherche le jour, l'y retrouve, et gémit.

Junon pressait alors d'une amoureuse cuisse
Le ferme braquemart de son vigoureux suisse ;
Et secondant les coups de ce maître des vits,
Autour d'elle ébranlait le céleste parvis.
Quand des pleurs du plaisir son œil encore
      humide ,
'Apperçut de Didon l'horrible suicide ,
Vit son ame souffrante arrêtée au guichet ,
Et fit partir Iris avec son noir tranchet ;
Car d'autant qu'à l'insu du divin bourguemaistre,
La belle désertait sans congé , ni semestre ,
Proserpine vouant sa tête au sombre bord
N'avait pas sur sa motte arraché le poil d'or.
Iris de sept couleurs pompeusement vêtue ,
Des vastes champs de l'air traverse l'étendue ;
Et dirigeant son vol vers le fatal bûcher ,
Sous la jupe royale elle va se nicher :.

« Reçois le passe-port que ma main t'expédie ,
» Du séjour des fouteurs Junon te congédie. »

'Ainsi dit la déesse , et l'immortel ciseau
Coupe sur le nombril le fragile réseau.
'Alors tout mouvement cesse : par chaque pore
De son sang arrêté la chaleur s'évapore ,

Et l'ame de Didon libre de son licou ,
Etant je ne sais quoi, s'en fut je ne sais où.

---

Nota Il ne sera pas hors de propos d'insérer ici un morceau du même auteur venu à récipiscence ; c'est une traduction , sinon élégante, au moins correcte de ce beau passage du sixième livre.

Di , quibus imperium est animarum, umbræ que silentes
Et cahos et phlœgeton, etc.

Dieux des bords Stygiens , divinités funèbres ,
Qui tenez aux enfers le sceptre des ténèbres !
Fleuves silencieux , obscures régions ,
Et vous manes sacrés , muettes légions ,
Souffrez qu'instruit par vous des fastes des lieux
     sombres ,
Ma voix découvre au jour les mystères des
     ombres.

Le héros et son guide , en ce morne séjour,
Marchaient à la clarté d'un pâle et triste jour,

Traversaient de la mort les nocturnes royaumes.
Empire du néant, vains palais des fantômes ;
Comme en un bois la nuit, quand Phœbé décrois-
     sant ,
Blanchit l'azur des cieux d'un rayon pâlissant.
A sa lueur infidèle une troupe égarée
Marche à pas incertains dans la route ignorée.
Les Soucis inquiets, les Chagrins, les Remords
Tapissent le portail du noir séjour des morts ;
La Fièvre au teint plombé, la Vieillesse chagrine,
La Faim, mère du crime , et l'affreuse Ruine,
La Pauvreté honteuse , et la Mort et le Deuil ,
siègent sur des tombeaux, autour du triste seuil.
Près d'eux gît , assoupi sous l'infernal portique,
Le frère du Trépas , le Sommeil léthargique ;
Plus loin veille la Haine aux sourdes trahisons
Aiguisant ses poignards et broyant ses poisons.
Ici rugit la voix des guerres homicides ;
Là sur des lits de feu heurlent les Euménides,
La Discorde frémit , et contre les passans
Fait dresser sur sa tête et siffler ses serpens.

FIN DU QUATRIÈME LIVRE DE L'ÉNÉIDE,

# POT-POURRI
## SUR L'ANNONCIATION.

### CANTIQUE.

Air : *Du cantique de Saint Roch.*

Prêtez l'oreille , honorable assemblée ,
Aux vérités que j'annonce en ce lieu.
De nos forfaits la mesure comblée ,
Jadis en diable allait transformer Dieu ;
    Mais ce bon père ,
    Par fois colère
    Pour ses enfans
Eut un faible en tout tems.

Air : *Or écoutez peuple chrétien.*

C'était pour mieux parer aux coups
De l'enfer armé contre nous ,
Que le fils d'un Dieu s'est fait homme
Je vais , chrétiens , vous chanter comme
Ce grand miracle s'opéra ,
C'était vraiment un opéra.

## Air : *Des fraises.*

Dieu voyant tout à l'envers
Dans ce monde intraitable
Mis son bonnet de travers,
Prêt d'envoyer l'Univers
Au diable , au diable , au diable.

## Air : *De tous les capucins du monde.*

J'ai fait , dit-il , un sot ouvrage ,
J'ai créé l'homme , et j'en enrage ,
Ces marmots là me font damner ;
Faut-il encor que je les noie ?
Mais non ; je suis las de tonner.
De la douceur prenons la voie.

## Air : *Le port Mahon est pris.*

Aussi-tôt il appelle
Gabriel, son ministre fidèle ,
A sa voix éternelle ,
L'ange qui l'entendit
Se rendit
Et Dieu dit.

Air : *Des folies d'Espagne.*

Vers Nazareth il est une pucelle,
Son rang est humble, et Marie est son nom ;
Va la trouver , mon fils , c'est la nacelle
Du genre-humain prêt à couler à fond.

Air : *Allez madame Thomas , vot' chat*
*n'est pas perdu.*

La poulette est un bloc
Dur et frais comme un roc ;
Sois-en l'amoureux coq :
Je l'ai formée ad hoc,
Il naîtra de ce choc
Un grivois dont l'estoc
Ravira l'homme au croc
De l''infernal escroc.

Air : *Menuet d'exaudet.*

Dieu voyant
Le galant
Qui balance ,
Lui fait faire de Vulcain
Le saut, et dit · Faquin ,
Prends-moi la diligence.

Va, descends ;
Parle et sans
Périphrase.
L'ange à bas tombe étourdi ,
Que Dieu n'a pas fini
Sa phrase.
Il eut dans cette aventure
Sur le corps mainte blessure
Qui meurtrit ,
Qui flétrit
Sa chair blonde ,
Tous les membres brisés... hors
Un trop utile alors
Au monde.

Air : *Vous m'entendez bien.*

Il se traîne cahin caha
Chez la princesse qui déjà
Songeait à sa toilette ,
Eh bien !
Et faisait en cachette ,
Vous m'entendez bien.

Air : *Un cordelier dit à Lisette.*

L'ange à la première visite
D'un geste annonce son projet.
De mon message voici l'objet ,
Dit-il à la belle hypocrite.
Voulez-voir , mon petit cœur ,
Les pouvoirs dont je suis porteur.

Air : *Madeleine à bon droit passa.*

La sainte dit : Vous avez là
Une patente bien en forme ;
Mais n'attendez pas pour cela
Qu'à vos ordres je me conforme
Marie au surplus , monseigneur ,
Tient votre visite à grand heur.

Air : *Et je lui fis sous la fougère.*

Tout en recevant ses excuses ,
L'ange engageait le doux combat d'amour ;
Il en connaît toutes les ruses ,
Un ange vaut un page de cour...
Il, etc.

Air : *Sous un tilleul.*

Ah ! l'imprudent
Dit la vierge en se défendant ;
Où va-t-il ? holà.
Eh ! quoi déjà le voilà
Là
Je combats vainement
Le méchant ,
Sur moi prend
L'ascendant. . . .
Ah ! si Dieu, par ton fait
Veut , au fait
Que Joseph ait son fait.
Cet ordre exprès
Que tu m'intimes de si près ;
Ange de la paix ,
De bon cœur je m'y soumets.
Mets.

Air : *Il était une fille.*

L'ange fit son annonce
Avec tant d'onction
A ce vâse d'élection ;
Que pour toute réponse

A l'ave maria,
La vierge s'écria :
Ah !

*Air : Des trembleurs.*

Mais tandis qu'à ce saint œuvre
De son mieux chacun manœuvre,
Prêt à gâter le chef-d'œuvre,
Joseph arriva soudain
Peu s'en fallut que le rhéitre
Ne leur fit perdre le mètre,
Et ne vint à compromettre
Le salut du genre-humain.

*Air : J'entends les dragons qui viennent.*

Ciel ! dit à son locataire
Le tendron tremblant,
J'entends le propriétaire.
Ah ! pour Dieu, fuis sa colère,
Ange imprudent ,
Engin prudent.

*Air : Qu'il pleuve, qu'il vente, qu'il tonne.*

Qu'on cogne, qu'on cogne, qu'on cogne,
Laissez-moi finir ma besogne.

H

Fuir , vos appas , dit l'Adonis ;
Ah ! c'est quitter le paradis.

Air : *Mon plus beau surplis.*

On ouvre, il fallut ,
Quelque bien qu'on fût ,
Quitter la douce partie.
L'ange , à ce bruit ,
S'échappe et dit :
Ma mie ,
Vous perdez , mais
Je vous promets
Revanche
Serrez bien le jeu ,
Je reviens dans peu ,
Nous y rejourons dimanche

Air : *Piqué de ce bacchanal*

Femme , s'écria Joseph ,
En entrant chez lui comme un rustre ,
Vous préparez à mon chef ,
A ce qu'il paraît un beau lustre.
Je comprends à votre refrein
Qu'un autre chante mon lutrin ,

Faites-moi voir le braconnier
Qui vient tirer sur mon gibier. (bis.)

Air : *Mon père était pot.*

La sainte voulait s'excuser ;
Mais l'époux qui s'irrite,
Menace au lieu de s'appaiser,
Et par-tout fait visite.
Il se mord les doigts ,
Répète cent fois,
Dans l'accès qui l'agite ;
Ah ! l'infâme con , ah ! l'infâme con,
Ah ! l'infame conduite !

Air : *Je prenais du tabac pas beaucoup.*

A ce fracas
Manon n'osa pas
Faire à son gas
Mystère du cas ;
Mais sans retour elle redit
Ce que l'ange a prédit ,
Comme il avança
Ça.

H 2

Comme il fut éloquent ;
Quand
Son grand discours il fit.
Fi ,
Dit l'époux trop instruit.

Air : *A la façon de barbari, mon ami.*

Vous avez, c'est un guet-à-pent ,
Changé mon baptistaire ;
J'étais Joseph et je suis Jean ,
Voilà tout le mystère.
Il me manquait cette façon ,
La faridondaine , la faridondon.
Je suis , grâce à vous , un mari , biribi ,
A la façon de barbari , mon ami.

Air : *Allez-vous-en les gens des noces.*

Pour nous affranchir d'un joug rude ,
Quand le Seigneur moins courroucé
Transige avec nous , dit la prude ,
Par son bon ange poussé.
Qu'y trouvez-vous de déplacé ?.... —
Parbleu , madame , c'est l'étude
Où cet acte là s'est passé.

Air: *V'là c'que c'est que d'aller aux bois.*

Mais à la fin Joseph se tait
Comme tout bon cocu fait ;
De son mieux il entretenait ,
Nous dit l'évangile ,
En époux docile ,
Et la poulette et le poulet ,
Comme tout bon cocu fait.

## E N V O I.

Air : *Des fraises, des fraises, des fraises.*

Belle Eglé , si Dieu voulait
Racheter encor l'homme ,
Ici-bas s'il descendait ,
C'est à vous qu'il offrirait
La pomme, la pomme , la pomme.

---

Heureux qui vous porterait
Ces nouvelles étranges ;
Le mortel qui vous dirait
Un pareil *ave* , serait
Aux anges , aux anges , aux anges.

# LES REGRETS.

### CANTATE.

FAUSSAIRE de la foi jurée à ma tendresse,
Il me fuit, le cruel et loin de sa maîtresse,
Il va d'un seul ingrat, poursuivant d'autres
    cœurs,
Enroturer son vit qu'honoraient mes faveurs.
Il ne se souvient plus de mes bontés passées,
Le tems les a bientôt de son ame effacées,
Et de la même main qui patinait mon con,
Il va branler Agathe, et chatouiller Marton.

    Cruel penser qui m'irrite et m'enflamme !
    Je vois sous sou doigt libertin,
    Con qui frémit, et fille qui se pâme :
Je vois tous les tableaux tracés par l'Arretin.

Reviens, parjure amant, mon ange, mon
    idole,
    Viens, accours, ou mon

Le premier vit sur son chemin ;
Au-devant de tes coups il vole ,
Agité des doux mouvemens
De Systole et de Diastole.
Viens à mes vifs trémoussemens
Mêler de tes transports la brûlante énergie :
    Mais il est sourd à ma voix ,
    Et dans une sale orgie ,
    Il investit de mes droits
    Des garces de tabagies
    Qu'on loue à six francs par mois.


Que maudit soit le jour où j'eus le goût fan-
    tasque ,
Le sot goût d'essayer de ton vit maigre et
    flasque ,
Où je lui prodiguai , ravalant mes appas ,
Les honneurs de mon con qu'il ne méritait
    pas.
Au caprice d'un vit , s'il fallait me soumettre ,
    Mes beautés pouvaient se promettre
    L'hommage solide et brillant
Des priapes fameux dans le monde galant ,
Ou par leur industrie , ou par leur diamètre ;

Les fruits de la vigueur, ou la fleur du talent?
Les baisers de Médor, ou les coups de Roland.

Six abbés, trois dragons, un moine,
Et des fouteurs par bataillons,
Venaient m'offrir pour patrimoine
Le revenu de leurs couillons.

J'aurais pu, de nouveaux Hercules,
Ressusciter les travaux éclatans,
Ou choisir à mon gré les légers opuscules
Des petits Adonis, ces idoles du tems,
Courus de nos Vénus, si fêtés, si fêtans;
Dont les vits sont sans force, et les doigts
　　　pleins d'adresse,
Qui peuvent tout, quoiqu'impuissans,
Et savent enivrer une heureuse maîtresse
　　De plaisirs toujours renaissans.

Cette image obscène,
Porte dans mes sens
Des feux dévorans;
Je crois être en scène.

Je cède aux efforts
D'un aimable page ;
Je vois ses transports
Et je les partage.

J'excite son ardeur et l'anime au combat ,
Il s'enflamme , il me presse , il m'émeut , i
    m'enchante ;
    Déjà mon cœur palpite et bat ,
    Sous sa main tendre et caressante ;
Mon sein bondit d'amour, et par de vifs élans
Semble aller au-devant de ses baisers brûlans.
En des lieux plus secrets sa main est parvenue,
    Elle parcourt mes charmes nus
    Et des boccages de Vénus
    Ecarte la mousse touffue.
    O douceur ! ivresse inconnue !
    Je sens au fond de mon cōnin
    Un doit furet qui s'insinue.
    Ah ! ne poursuis pas ton chemin ,
    Doigt charmant, ouvrier divin ,
    Libertine dans l'avenue.

    Dieux ! quel nouvel enchantement ,
    Une langue vive s'agite



I

Sur mon clitoris palpitant ;

Elle m'embrâse , elle irrite

L'essaim fongueux des desirs.

Sous l'ivresse des plaisirs

Je succombe , je me pâme ;

Avec mon foutre brûlant ,

Je sens s'écouler mon ame

Sur les lèvres de mon amant.


O prestige ! ô regret , tout ce ravissement

N'est qu'un songe imposteur , et qui trop tôt

s'achève ;

Mais heureuse la beauté

Qui , des faveurs que je rève ,

Aura la réalité.


Charmant plaisir de contrebande ,

Vous tenez , et la ville , et la cour sous vos

loix :

C'est pour vous que tout bas soupire un con

bourgeois ,

Que tout haut un con ducal bande.

Je vois le sexe en rut lever son cotillon ,

La pudeur rompre sa consigne ;
La vertu baisser pavillon
Devant ces louvoyeurs dont l'adroit aiguillon
Ne va jamais en droite ligne ;
Qui, par mainte escarmouche, aiguisent le
desir ,
Acteurs jouant leur rôle au bord de la cou-
lisse ,
Qui prolongent le sacrifice ,
Et paraphrasent le plaisir.


Mais pour ces vits grossiers à vulgaire encolure
Qui n'ont en marchant qu'une allure,
Qui ne chantent jamais que sur le même ton,
Ne touchent que la même corde ,
Dont les discours sont sans exorde ,
Les airs sans variation ,
Et qui, mis vis-à-vis d'un con ,
Ne savent lui parler que par monosyllabe ;
Ton cœur doit être turc , et toute femme arabe.


Va chercher au Palais-royal
Ces sirennes à fesses molles ,
Prêtresses de l'amour vénal ,

Dont les yeux agaçans et les douces paroles ,
Promettent des plaisirs , et donnent des véroles.

Dans leurs fades embrassemens
Cueille des fruits amers, et des plaisirs cuisans,
Des baisers épicés , des voluptés poivrées ,
Et du mal qu'un génois maudit
Nous apporta jadis sur le bout de son vit,
Que ton front porte les livrées.

Cours sous ces arcades livrées
A tous les tripots criminels
Sacrifier sur les autels
De mainte sale gourgandine ;
Que ton priape en feu, plongé dans sa piscine,
Y puise des poisons mortels ,
Et rapporte avec lui le quine
Des chances qu'on gagne aux bordels.

Que la vérole et son cortége ,
La chaude-pisse et ses suppôts ,
Dans ton corps, criblé jusqu'aux os,
Tiennent leur salle de manége.

Qu'ils y fassent germer les produits du virus ;
Ces rebelles poulains, ces ténébreux fongus ;
   Ces chancres bavant la sanie,
   Et les cancers de la vessie,
   Et les fistules de l'anus.


Sur ton vit gangréné puissent vingt chancres
       naître,
Se montrer sur le gland, se cacher dans
       l'urêtre !
Puisse le noir venin, tantôt en phimosis,
Rétrécir du colon la fétide goutière ;
Tantôt en exostose enfler tes os pourris,
T'assaillir pardevant, t'attaquer par derrière ;
D'un côté, corroder l'anus et le rectum,
De l'autre, déchirer le verumontanum,
Et remplir de nodus, de squires et d'ulcères
Le tissu spongieux des conduits urinaires.

I 3

# LE MOT TECHNIQUE.

UN certain duc avait un vin d'élite
   Qu'il conservait comme ses yeux,
Vin au plus haut karat, vin blanc, vin ca-
     piteux,
Dont deux verres, sans plus, auraient de sa
     guérite
   Fait déloger dame Raison.


L'épouse de monsieur, coquette à triple étage,
   De ce vin blanc faisait, dit-on,
   Tous les matins un autre usage,
Et s'en servait pour laver le parvis
   De la chapelle où tout Paris
   Allait en pélerinage.


Par-là notre duchesse espérait raffermir
   Du plaisir les faciles routes,
Et prodiguait par flots le limpide élixir,
Dont l'économe époux ne buvait que par
   goutes.

Bientôt le vin manqua, le duc, à ses valets,
A tous ses gens veut faire le procès,
Crie au vol, fait un bruit à rompre les oreilles.
Il tempête, on s'excuse : il menace, on lui dit
Que le matin madame, au sortir de son lit,
En faisait demander chaque jour trois bou-
      teilles.

Au mari courroucé ce fidèle récit
Paraît un conte bleu. Josephine appellée
    Est sur le champ interpellée
De dire où le mousseux pouvait passer ainsi :
    Le point fut alors éclairci,
    Et la soubrette mal apprise,
De l'ivrogne velu dit le nom sans *détour.*
Ah ! puisque le maraud dès le matin se grise,
Je ne m'étonne plus, dit le duc hors de crise,
Des sottises qu'il fait tout le reste du jour.

———

# L'AVENTURE DU BAL.

## OU

## LA DUCHESSE APPAISÉE.

Air : *V'là c'que c'est d'aller au bois.*

Retirez-vous masque effronté ;
Un peu moins de liberté ,
Il vous sied bien , en vérité ;
    Petit téméraire ,
    A gens de ma sphère
De tenir un propos galant ,
    Vous êtes un insolent. —

Un insolent ! ce nom est fait
Pour un petit prestolet ,
Ou pour le ventre rondelet
    De quelque chanoine ;
    Mais je suis un moine ,
Qui plus est carme. — Ah ! révérend ,
    Vous êtes un imprudent.

Vous pouvez vous vanter corbleu

Que vous verriez un beau jeu

Si vous vous chauffiez à mon feu ;

    Courez en la chance ;

    De ce que j'avance

J'ai la preuve en main. — Révérend,

    Vous êtes inconséquent.


Je me nomme père tapeur ;

Ce nom qui n'est point trompeur

Chasse ennui, migraine et vapeur

    Du cœur d'une femme,

    Prêtez-vous, madame,

Au spécifique. — Ah ! révérend,

    Vous êtés extravagant.


Modérez-vous ; on peut nous voir ;

    Attendez jusqu'à ce soir,

Seule avec vous dans mon boudoir.......

    Mais où donc butine

    Sa main libertine ;

Quoi ! sur mon sein ! Ah ! révérend,

    Vous êtes entreprenant.


Mais c'est une horreur que cela.

    Père, que faites-vous-là ?

Le bel état où me voilà.
Comme il me tracasse ;
Otez donc de grace
Ce bras.... mais c'est.... Ah ! révérend,
Vous êtes exhorbitant.

Pourrez-vous.... Dieux , en est-ce assez ?
Ah ! comme vous prononcez.
Quoi ! déjà vous recommencez ?
Père , ah ! quelle épreuve !
Etes-vous un fleuve ?
Eh ! mais encore ! Ah ! révérend,
Que vous êtes étonnant !

## AUTRE.

AIR : *De tous les capucins du monde.*

Si tu viens dans certaine vue ,
Cher abbé , c'est peine perdue ;
Je puis t'offrir , tout hors ceci ;
Ailleurs , croi-moi , va faire emplette ;
Un moine a passé par ici ,
Bon soir , l'abbé , je suis complette.

# LA VIEILLE SCANDALISÉE.

## CONTE.

Dans une église du Poitou ,
Est-ce du haut ou du bas ? il m'importe :
Un saint, pour n'être pas fait de bois d'acajou,
   Était placé près de la porte.
   Dans cet état humiliant
   Pas la moindre petite dose
   D'orémus , pas un seul client ;
C'était du paradis un avocat sans cause.
   Il n'était si mince marmot
   Qui , sortant, ne lui fît la nique.
Si le bon saint trouva mauvais, inique
   Ce procédé d'un public indévot,
C'est ce que je ne sais : ce que dit la chronique
   Est qu'au moins il n'en sonna mot.

Une vieille pourtant , veuve sexagénaire ,
   Un culte assidu lui rendait :
   Tous les matins elle venait
   Le prier , et puis le baisait ;
C'était du Benoît saint le petit ordinaire ,
   Et l'on dit qu'il s'en contentait

Faute de mieux ; enfin de cette église,
Pour son bonheur, le curé trépassa ;
 Et celui qui le remplaça,
 Trouvant le saint plus à sa guise,
D'un fin vernis vous le fait habiller,
 Ordonne qu'au plus beau piller
 On le place en superbe niche.
Citoyen saint, vous allez être riche ;
Et maintenant vous ne chommerez plus
 De prières et d'orémus.

Le lendemain du jour que fut fini l'ouvrage
 La vieille arrive ; près du saint
 On avait laissé, sans dessein,
 Et l'échelle et tout l'équipage.
 Quand elle a fait son oraison,
La voilà qui se dresse, et grimpant, non sans
 peine,
 Elle va donner au patron
 L'accolade quotidienne.

Tout allait bien sans un maudit mic-mac ;
Qui vint brouiller l'idole et la dévote ;
Les mains du bienheureux, joignant sur
 l'estomach,
Par cas fortuit accrochèrent le sac

Qui servait de jupon à l'antique bigote ;
Si bien qu'en descendant son jupon se levait
    D'une façon fort immodeste ;
  Depuis trente ans la vieille qui n'avait
    Éprouvé procédé si leste ,
  Entre deux yeux regardait le patron ,
  Étrangement contre lui courroucée ,
Et tâchait d'abaisser sa jupe retroussée.
Le bon saint ne bougeait ni plus ni moins qu'un
      tronc ,
  Si que toujours le bas du cotillon
  Aux doigts de bois tenait comme à des roches ;
  Lors la douarière éclate en durs reproches ,
  Et ne pouvant modérer son transport :
  O maudit saint , dit-elle , on eut bien tort
  Quand on te fit un saint de conséquence ;
  Si chaste était dans ton humble indigence ;
    En t'élevant on ta gâté ,
    La luxure et l'impureté
    Avec les honneurs chez toi naissent :
Plus les gens aujourd'hui haussent en dignité ,
  Hélas ! et plus leurs vertus baissent,

# LES ŒUFS CASSÉS.

*CONTE tiré du moyen de parvenir.*

O mes amis, combien cet univers,
Pauvre de gens de bien, est riche en méchans
    hommes.
Au tems passé comme au siècle où nous
    sommes ,
  Toujours ce fut le règne des pervers ,
Larrons adroits qui vous prennent aux belles
    Tétins mignards , cons , culs , et qui pis est ,
      Prêtent pour neuf mois aux pucelles
      Mince foutre à gros intérêt.
De telle gente une ample fourmillière
Est à Paris , et sitôt qu'un tendron ,
Morceau friand , a passé la barrière,
Tous sont en quête et lorgnent son croupion.
L'un la conduit au bal , l'autre à la comédie,
L'autre ailleurs ; chaque fête est une trame
    ourdie ,
    Pour ravir son palladion ;

Et ne sachant encore à peine
Si c'est du lard ou du cochon,
Toutefois par provision
La pauvre fille se démène
Sous l'écuyer, de la bonne façon.
Mais le mal qu'en ceci je trouve avec raison,
C'est que cette beauté qu'au plaisir on convie,
Le plus souvent est mal servie :
C'est d'ordinaire un jeune farfadet,
Fort de jargon et faible de jarret,
Qui, dans ce nid fait pour un aigle,
Loge son mince roitelet ;
La pauvre fille ! il lui fallait
Du gros pain bis, du pain de seigle,
Il la nourrit de pain mollet.


Petits sultans à courte pine,
N'ambitionnez pas de foutre un con tout
   neuf,
Ne mettez pas, sous un gros drap d'Elbœuf,
Une doublure d'étamine.
Mais ces cons candidats, ignorans de vos tours,
Sont les seuls que vous faites dupes,
Vous pouvez bien trousser des jupes ;
Mais vous n'enfilez pas toujours

Quand un con a la vétérance ,
Il ne se laisse plus foutre sans caution ;
Et ce n'est plus une vaine apparence
Qui surprend sa religion.

Je connais mainte femme et du plus grand
mérite ,
Qui toutes chantent sur ce ton ,
Qui se laissent trousser en disant toujours non.
Si le soldat qui sort de sa guérite
Paraît un invalide , on devient un Samson
Pour résister ; on se fâche , on s'irrite ;
Madame alors dit tout de bon ,
Non ;
Griffes et dents alors font rage ,
C'est un tigre ; c'est un mouton ,
Lorsqu'à son con antropophage
S'offre le vit d'un patagon ,
Madame alors mord à la grappe ,
Et du plaisir entr'ouve la soupape.

Cette conduite est sage , en ceci comme en
tout ,
Précaution est chose nécessaire ,
Dans ce pays trompeur l'on hérite et l'on fout
Par bénéfice d'inventaire.
Mais revenons , lecteur , à notre affaire ;

On conte qu'il était jadis
Femme de bien qui prit pour chambrière
Jeune pucelle à tétons rebondis ,
Novice ignare , apprentie ouvrière ,
N'ayant jamais remué la charnière.
Elle arrivait des confins champenois :
Fin corsage , peau blanche , œil frippon , doux
      minois ,
Formaient l'étui de son ame grossière.

Le mari la voyant arde dans son harnois ;
   Il sent sa charnelle vétille
   Se roidir sous son caleçon ;
Et déjà son goujon sur sa cuisse frétille
Alléché par l'appât du friand hameçon.

   Or , il advint qu'un jour de fête ,
   Où madame faisait la quête ,
   Il resta seul à la maison ,
Et fit ainsi sa harangue à Louison :

Louison , ma mie , avez martel en tête ;
Et je ne sais quel mal vous point.—Oui-da ,
   Répart Louison, oui , mon biau maître ,
   Depuis le jour que me brida
   Cet ardent desir de connaître

K

Votre Paris, j'ons-là certain chagrin
Qui nous consume et qui nous mine
D'bout en bout, j'n'y connaissons r'in.

Vraiement, vous m'avez bien la mine
D'avoir le mal, dit le maître rêvant,
Qu'a toute fille à Paris arrivant.

Hé donc, quel mal, monsieur ? Si l'on en
meure,
Dit la belle en ouvrant de grands yeux ébahis,
J'vons de ce pas retourner au pays. —

Non, restez en cette demeure,
Et n'en ayez aucun souci ;
C'est un grand mal, mais mal dont dieu merci,
Je vous guérirai sur mon ame ;
Or, vous saurez, Louison, qu'à toute honnête
femme
Qui, de province, arrive en ce canton,
Dans le milieu du ventre il vient un quarteron
De petits œufs ; si faut-il qu'on les casse,
Sans quoi chacun des œufs croît comme un
potiron,
Et le nombril, en forme de besace ;

Tombe et descend sur le giron ;

Sans parler qu'il pourrait encore ,

Le cas déplaisant arriver ,

Qu'en ce lieu , propre à les couver ;

Des susdits œufs on vit éclore

Petits poulets qu'on entendrait crier.

Et quel dommage , hélas ! que cette peau
      doucette

    Devînt , ô charmante Lisette ;

    La muraille d'un poullailler.


    Tout en disant ceci , le drille

    Becquetait les pommes d'amour ;

Et sa main se glissant sur sa cuisse gentille ;

    En mesurait la forme et le contour.

La fille cependant se lamente , intercède ;

    Pleure , sanglote , et s'enquiert du remède.


    C'était où l'attendait le gas ;

    Sitôt il la prend dans ses bras ;

    L'entraîne sur un lit , l'y couche ;

    Il lui met bouche contre bouche ,

Lève de main senestre un jupon de coutil ;

    De la dextre il prend son outil ,
                K 2

Sur le ventre de l'étourdie

Il casse un œuf, puis deux , puis trois ;

Ce fut le tout pour cette fois.

Au lendemain il remet la partie ;

Le lendemain même cérémonie ,

Le jour d'après autant, si qu'à la fin

Dame Alix s'en douta, sentant sa part rognée ;

Elle n'était comme avant besognée ,

Et voyant chommer son moulin ,

Force était que l'époux portât ailleurs son grain.

Certain jour donc qu'à son impatience

La chambrière tardait trop

A la chambre du sire , elle y grimpe au galop ?

Que fais-tu là , maudite engeance ,

Lui cria-t-elle en voix de lucifer ?

Race du diable et vrai tison d'enfer ,

Que fais-tu, dis ? Oh ! pour moi, rien madame,

C'est monsieur qui , par bonté d'ame ,

Cassait mes œufs, source, de tous mes maux. —

Quoi donc des œufs ? Oh ! oh ! vos vains propos

Ne m'abuseront pas , ma mie ,

N'avez ici trouvé des dupes ni des sots ;

Cherchez-en ailleurs , je vous prie ,

Pour leur conter de tels fagots.

Fagots ne sont , dit la pauvrette en transe ;
Mais vérité ; je vous ai dit ma chance ,
Sans barguigner , je vous réponds ,
Et si vous en voulez une preuve plus claire ;
Ajouta-t-elle en troussant ses jupons ,
Las ! madame , en voici le glaire.

## ÉPIGRAMME.

Avec la vieille Arnould , le jeune Dorimond
S'entretenait un soir auprès d'un poële.—
J'en voudrais un aussi gros , aussi long
Que ce tuyau , d'une forme aussi belle ,
Et le reste à proportion.
Arnould de rire.—Ah ! mon ami, dit-elle ,
Tais-toi ; tu parles comme un con.

# CHANSON.

*A I R : Rosine, l'amour est bien*
*dangereux.*

MA pine ,
Les cons sont bien dangereux ;
Leur mine
Trompe bien des malheureux ;
Souvent un poulain
Sous jupe honnête se glisse.
Crois qu'un beau connin ,
Ainsi qu'un laid donne la chaude-pisse.
Ma pine , etc.


Veux-tu te conserver en joie ;
Il ne faut jamais enconner ;
Aux plaisirs de la petite oie
Que ton goût sache se borner.
Ma pine , etc.


Exempt de la vérole
Un couillon est plus frais

Que quand la casserole

A flétri ses attraits.

Ma pine

Le con est bien dangereux ;

Il mine

Les engins les plus nerveux.

---

# AUTRE.

AIR : *Vive le vin, vive l'amour.*

Vivent les cons ! vivent les culs !

Fouteur, enculeur des plus drus ;

Je me fous de la chaude-pisse ;

Et puisqu'il faut que je périsse ;

Je ne mourrai qu'en enculant ;

Si la vérole avec un con me prend ;

Je veux qu'un cul me la guérisse.

FIN.

# *ERRATA.*

La première ligne de la sixième page à supprimer.

P. 7, lig. 10 ; Scanon ; LISEZ : Sarron.

IDEM. LIG. 17 ; Scanon ; LISEZ : Scarron.

P. 11, LIG. 8 ; renferme que des défauts essentiels ; LISEZ : renferme des défauts essentiels.

P. 13, LIG. 6.
Namque suum patriâ antiquâ cinis uter habebat.
LISEZ :
Namque suam patriâ antiquâ cinis ater habebat.

IDEM. LIG. 12 ; *mensus umimus* ; LISEZ : *mensas consumimus.*

P. 18, LIG. DERNIÈRE ; more ; LISEZ : maure

P. 21, LIG. 15 ; tarissait ; LISEZ : tarriffait.

P. 24, LIG. 15 ; Jule ; LISEZ : Jule.

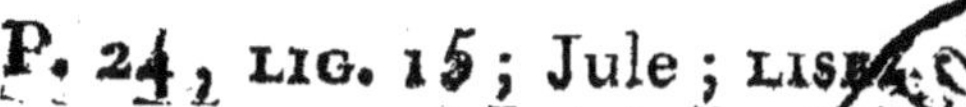